Disrupción

Un Enfoque Para La Transformación Organizacional

Osvaldo Laurido-Santos

Angel I. Pabón

© 2019 Osvaldo Laurido-Santos y Ángel I. Pabón

www.osvaldolaurido.com

Todos los derechos reservados. No está permitida la reproducción total o parcial de este libro, ni su tratamiento informático, ni la transmisión de ninguna forma ni por cualquier medio, ya sea electrónico, mecánico, por fotocopia, por registro u otros métodos, sin el previo permiso, por escrito, de los titulares del Copyright.

DEDICATORIA

A mi adorado hijo Osvaldo José Laurido-Soto

A mi querida princesita Marcia Caridad Laurido-Soto

Osvaldo Laurido-Santos

Cuando se habló de escribir una dedicatoria para el libro, mi reacción inicial fue que esto es un libro de referencia y de negocios... que no cubre un tema que tiene aplicabilidad personal. Y mantuve esa posición por un tiempo. Pero en la medida que revisaba su contenido, me di cuenta que requería una dedicatoria que a la vez es un reconocimiento. Las personas con quien tuve el honor de trabajar y colaborar en las distintas organizaciones en las que se aplicaron los principios que se discuten en este libro se ganaron el derecho de ser mencionados aquí. Esas personas fueron las que hicieron posible las transformaciones que se efectuaron y los logros que se alcanzaron en esas organizaciones.

A todos ustedes (y ustedes saben quiénes son) que aportaron con su energía mental y física, con sus ideas y con sus esfuerzos, a los muchos logros que ustedes hicieron posible; que demostraron el concepto de que "la empresa es su gente", a TODO nivel; que probaron que las grandes ideas nacen de cualquier mente que se proponga aportar al esfuerzo del grupo; y que dan fe que los conceptos presentados en este libro funcionan y generan logros, les dedico esta obra, que no es otra cosa que la narración, en forma general, de los pasos que seguimos para transformar a nuestras empresas.

Ángel I. Pabón

RECONOCIMIENTO

Nuestro más sincero agradecimiento a Jorge R. Hernández por el tiempo que le dedicó a revisar el libro. Sus valiosas recomendaciones contribuyeron de manera significativa a la versión final.

PRÓLOGO

Los avances en tecnología en los años recientes han ocasionado disrupciones y cambios significativos en los modelos de negocios de muchas industrias. Los líderes de negocios necesitan entender estas nuevas tecnologías y reconocer los cambios radicales que tienen que realizar de manera de poder adaptar su negocio antes estos nuevos retos. Lograr estos cambios siguiendo modelos tradicionales es difícil y requiere tomar decisiones con agilidad.

La lista de negocios e industrias que no lograron hacer ajustes ante tecnología disruptiva es bastante extensa. Los ejemplos más conocidos son compañías de renta de películas de video, megatiendas de videos y música, y megatiendas de libros. En la actualidad estamos viendo como algunas de estas tecnologías disruptivas están afectando las tiendas de ropa y calzado, la industria de taxi, y la industria de hoteles. Cada líder de negocio debe estar bien pendiente de las nuevas tecnologías disruptivas y ser bien ágil en la planificación y decisión de cambios que se tienen que realizar para poder migrar o adaptar su negocio a las nuevas tendencias del mercado.

El tema de este libro es uno de mucha relevancia para los tiempos que vivimos. Los retos de tecnología que afrentan los lideres hoy en día son muchos. Sólo aquellos líderes que estén dispuestos a tomar acción rápida lograrán transformar sus negocios para beneficiarse de las nuevas tecnologías y tendencias del mercado. El tema de tecnologías disruptivas y su impacto en el negocio debe ser uno de los de mayor prioridad de los líderes de hoy en día.

Los autores de este libro, Osvaldo Laurido-Santos y Angel Pabón tienen mucha experiencia en el campo de tecnología y consultoría. Ambos han identificado los retos que enfrentan los líderes al cambiar sus modelos de negocios para competir con tecnologías disruptivas. Su enfoque es en ayudar a identificar muchas de las tecnologías disruptivas actuales y proveer recomendaciones para poder afrontar los retos que estas representarán a sus negocios.

El momento de actuar y tomar decisiones es ahora. En el tema de tecnologías disruptivas, la velocidad en decidir y ejecutar puede ser la diferencia para la sobrevivencia del negocio.

Lcdo. Jorge R. Hernández
Presidente – JRH Consulting – Especialistas en Pagos
& Presidente Junta de Directores – ACCEPTA LLC

CONTENIDO

Introducción 1
Los Retos Del Cambio 9
Disrupción 13
Avances Tecnológicos Que Facilitan La Disrupción 29
La Estructura Organizacional Disruptiva 87
Un Enfoque Disruptivo Para La Transformación
Organizacional 109
La Disrupción En La Práctica 123
El Futuro 149
El Mapa Vial 159
Conclusión 163
Apéndice 167
Referencias 193
Sobre Los Autores 199

INTRODUCCIÓN

Las revoluciones industriales que han atravesado la sociedad marcan hitos importantes en el desarrollo de las industrias y en la forma en que se producen bienes y servicios. Dichos períodos se marcan por momentos históricos en los cuales se han introducido tecnologías y nuevas formas de ejecutar y administrar procesos. Dichas revoluciones industriales tuvieron su inicio con la primera revolución industrial en el 1760.

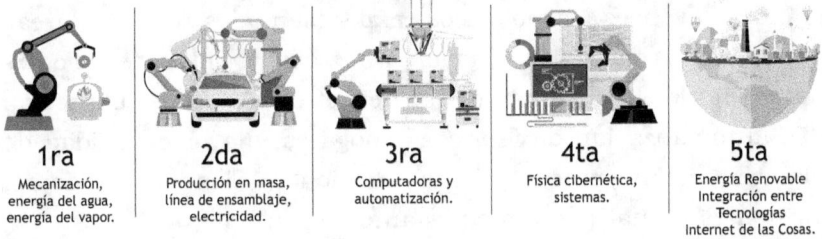

1ra	2da	3ra	4ta	5ta
Mecanización, energía del agua, energía del vapor.	Producción en masa, línea de ensamblaje, electricidad.	Computadoras y automatización.	Física cibernética, sistemas.	Energía Renovable Integración entre Tecnologías Internet de las Cosas

La primera revolución industrial de los años 1760 a 1840 se caracterizó por la transformación económica, social y tecnológica. Durante dicho período se migró el trabajo de naturaleza manual y de uso de animales a la utilización de maquinarias de vapor y telares. Por primera vez en la historia, el producto interno bruto se multiplicó como nunca se había experimentado.

Durante la segunda revolución industrial, 1870 a 1926, hubo desarrollos en la industria química, eléctrica, acero y de petróleo, entre otras. Se caracterizó por el advenimiento de la producción en masa, de la electricidad y de las líneas de ensamblaje.

La tercera revolución industrial es también conocida como la revolución científica tecnológica, la revolución de la inteligencia o la tercera revolución tecnológica. La misma cubre el período de los años 1960 al 2000 y se caracterizó por el desarrollo de semiconductores, computación en ordenadores centrales, computación personal y comienzos del internet.

La cuarta revolución industrial, concepto acuñado por Klaus Schwab, se le conoce también como Revolución Industrial, etapa cuatro o Industria 4.0. Se inicia esta etapa en el año 2000. Avances tecnológicos que caracterizan esta etapa incluyen el internet móvil, lo ubicuo de los sistemas y tecnologías, el desarrollo de sensores, robótica, inteligencia artificial, nanotecnología y computación cuántica, entre otras cosas. De acuerdo con Schwab aún se vive la cuarta revolución industrial por lo tanto no se ha concluido la misma.

La quinta revolución industrial, también conocida como la revolución de la sostenibilidad digital, se caracteriza por los grandes avances tecnológicos experimentados en las áreas de energía renovables, mayor integración entre tecnologías avanzadas y el ser humano, el internet de las cosas, impresión 3D, automatización de fábricas y hogares, mayor capacidad de almacenamiento, procesamiento y funciones de las computadoras, asistentes virtuales, y vehículos autónomos.

El orden del día es la adopción del cambio y la nueva tecnología; es cambiar, porque si no, hay rezago y alguien estará por delante. Si bien es cierto que no hay consenso de que se esté en los finales de la cuarta revolución industrial o en los comienzos de la quinta revolución industrial, lo que sí es cierto es que se están experimentando unos grandes cambios. Esos cambios son arrolladores e impactan las organizaciones.

La manera en que una organización coordina sus recursos para generar su producto o servicio tiene un impacto dramático en su eficiencia y efectividad. A la misma vez, la tecnología es un agente catalítico de cambios en las organizaciones. La adopción de un

Introducción

enfoque gerencial disruptivo promueve el cambio que posiciona a la organización como líder. Si la organización considera que no está a la par con su competencia, adoptar un enfoque gerencial disruptivo puede colocarla al frente de su industria.

La naturaleza de los cambios que se efectúan altera la manera en que se genera y presenta un producto o servicio. Si esa alteración es suficientemente significativa, puede representar una manera completamente nueva de operar que, a su vez, hace obsoleto el método previo. Por su impacto en el segmento industrial que ocurre, a estos cambios se le llaman cambios disruptivos.

Ante la existencia de esos cambios disruptivos y los retos que representan, una organización puede adoptar cualesquiera de dos posturas:

- La organización que asume la postura <u>reactiva</u> toma acciones cuando otra organización genera cambios disruptivos. Los cambios generados externamente, por competidores, van a requerir que la organización reaccione a los mismos para mantenerse como una entidad viable en su mercado.

  Walmart es un ejemplo de una organización que asumió exitosamente una postura reactiva. Walmart no anticipó la llegada de Amazon como competidor en su espacio de mercado, como entidad que era capaz de vender productos al detal con una estrategia basada en una plataforma de internet. Walmart reaccionó ante las iniciativas de Amazon y está creando una plataforma de ventas al detal por internet para competir con la de Amazon.

  Blockbuster fue una organización que adoptó un enfoque reactivo <u>no exitoso</u> ante organizaciones de transmisión (en inglés, "streaming") de películas. Parte de ese enfoque se debió a su atadura a su modelo de negocio y a la inhabilidad de anticipar la magnitud del impacto de nueva tecnología en su industria. Cuando Blockbuster intentó reaccionar ya era muy tarde. El resultado fue su desaparición.

- La organización que asume la postura <u>proactiva</u> tiene la iniciativa y capacidad para anticiparse a los cambios del mercado y de la tecnología. Una organización así conoce sus vertientes de valor y los mecanismos que utiliza para generar su producto o servicio. También se mantiene atenta a los cambios tecnológicos que pueden, de manera directa o indirecta, afectar su organización en general o sus vertientes de valor en particular. Constantemente analiza la posibilidad de utilizar nuevas tecnologías, ya sea para mejorar o ampliar la manera en que genera o suple su producto o servicio, o para transformar completamente la naturaleza de su negocio.

Las organizaciones proactivas pueden llegar a ser disruptivas en sus mercados. Muchas veces dominan sus mercados porque sus iniciativas le crean unas ventajas que los competidores no pueden superar. Algunas llegan a esa posición de dominio lentamente. Otras lo hacen con más rapidez.

Algunas no son exitosas en generar el cambio disruptivo porque no alteran sus estilos gerenciales para manejar los cambios, o adoptan tecnología de forma incorrecta.

Amazon es una organización proactiva, la cual ha optimizado el uso de la tecnología. Antes que las organizaciones competitivas se dieran cuenta de cómo se estaba redefiniendo el comercio de ventas al detal, ya Amazon tenía una plataforma tecnológica y los procesos de negocio correspondientes. Eso le permitió alcanzar la primera posición en ventas al detal por internet. Hoy día, no solamente son líderes en la venta de productos de consumo por internet, sino que también manejan la venta de libros (su negocio original) y la transmisión de películas y música.

Introducción

Otros ejemplos de organizaciones que han sido entidades disruptivas en sus mercados incluyen:

ORGANIZACIÓN	IMPACTO
Airbnb	Una nueva opción y reto al mercado de hoteles
Facebook	Dominando el mercado de portales de contenido y publicidad en el internet
Google	Nuevo reto a las páginas amarillas y enciclopedias
Netflix	Una nueva tecnología; obsolescencia clubes de video
Tesla	Competencia (dudosa por ahora) a autos con motores de gasolina
Uber	Nueva opción que representa amenaza a los taxistas tradicionales
WhatsApp	Reemplaza la telefonía fija y celular

Existe en la actualidad literatura sobre el tema de disrupción. Se nota en esa literatura una característica común: los autores tratan el tema desde distintos puntos de vista, tienen diferentes enfoques. Pero no hay autores que integren en su discusión los elementos principales y claves que operan para generar un cambio disruptivo.

Este libro es diferente. Su punto de partida es la integración. Obviamente, va dirigido hacia lo que dice el subtítulo, la Transformación Organizacional. Pero parte de la premisa que esa transformación tiene que ocurrir en la organización. Como su organización es un conjunto integrado de elementos, se discuten esos elementos y su rol en el proceso de cambio. Se presentan ciertos conceptos y se ofrece la metodología que les será útil en su proceso de transformación.

El libro va dirigido a todo aquel que desee realizar cambios disruptivos en su organización. Considere este libro como su guía hacia el cambio disruptivo. Utilícelo como referencia para iniciar proyectos. Sea su postura proactiva o reactiva, este enfoque de cambio disruptivo llevará a su unidad de trabajo, a su organización o a su empresa a un nivel superior de efectividad.

El libro se ha organizado en introducción, ocho capítulos y conclusión. Primero se adentra al lector en el tema, proveyendo un marco de referencia. Luego se describe el proceso para la adopción de "Un Enfoque Disruptivo para la Transformación Organizacional".

El libro cubre los siguientes tópicos:

1. **Los retos del cambio**. Se presentan los retos en la adopción de un enfoque disruptivo. Se contextualiza qué es el cambio. Se resume cuál es el impacto a la organización a lo largo de la historia, y cuáles son los retos que impone a nivel organizacional.

2. **Disrupción**. Se introduce el tema de disrupción y la necesidad del cambio. Se exponen los resultados esperados de un enfoque de cambio disruptivo.

3. **Avances tecnológicos que facilitan la disrupción**. Se presentan diversas tecnologías que están transformando el mundo, y su aplicabilidad en la transformación organizacional.

4. **La estructura organizacional disruptiva**. Se presenta la estructura organizacional tradicional versus la organización disruptiva. Se presenta y explica el concepto de vertiente de valor.

5. **Un enfoque disruptivo para la transformación organizacional**. Se presentan las bases para la transformación organizacional. Se expone por qué existe la necesidad de integración y el foco hacia el cliente. Se presenta el enfoque disruptivo para la transformación organizacional y sus componentes.

6. **La disrupción en la práctica**. Se explica cómo poner en práctica la transformación de la organización siguiendo un enfoque disruptivo. Se cubren los conceptos de

planificación, ejecución y monitoreo asociados con el logro de una transformación organizacional.

7. **El futuro**. Se discute el rol del líder con objetivos claros hacia la disrupción organizacional. Se presentan, además, algunos de los objetivos que se debe esperar con la adopción de un enfoque disruptivo.

8. **El mapa vial**. Presenta una cápsula de los pasos que debe seguir la organización para implementar exitosamente el cambio disruptivo. Se reseñan posibles proyectos y pasos para su ejecución.

9. **Conclusión**. Culminamos la lectura del libro. Estamos listos y nos preparamos para poner en práctica lo aprendido.

Estos tópicos están atados a la realidad a la cual se enfrentan las organizaciones en la actualidad. El libro tiene tres propósitos principales:

1. En primer lugar, ofrece una oportunidad de aprender sobre el tema de la disrupción y como impacta a las organizaciones.

2. En segundo lugar, expone una manera de examinar y reestructurar la organización de forma tal que se pueda adaptar al medioambiente comercial y tecnológico.

3. En tercer lugar, presenta ejemplos de tecnologías que habilitan la disrupción. Lo hace dentro de un marco que permite explorar la posibilidad de anticipar el efecto de estas tecnologías en la organización.

El enfoque en esos tres propósitos tiene su razón. Las organizaciones que NO se han enfrentado exitosamente a los retos de la disrupción han fallado en aprender, en anticipar y en adaptarse.

Con la información que presenta este libro, la organización puede ponerse camino al éxito.

LOS RETOS DEL CAMBIO

Todo cambio implica retos que se tiene que asimilar. El alcance y profundidad de esos retos va a depender del esquema de cambio disruptivo. En particular, en la metodología se le da suma importancia a la integración de tres componentes de cambio. La sinergia entre estos componentes permite alcanzar los cambios disruptivos deseados.

¿Por qué es importante enfocar el esquema de cambio de forma integral? Porque no hay esquema de cambios que se dé de forma independiente o desarticulada. Hay que considerar los componentes que conforman los bastiones del cambio. Cuando se enfoca desde una sola perspectiva, se están obviando elementos importantes. Eso no va a lograr la transformación deseada.

El cambio disruptivo surge como resultado de la transformación de tres componentes. Si no se consideran estos componentes de forma integral, se corre el riesgo de fracasar. Los tres componentes son:

- **Personal**: en todo esquema de cambio y en particular los disruptivos, el personal es fundamental. Como se verá más adelante, la gente es la organización misma. Su compromiso, su capacitación y su participación en el proyecto de transformación empresarial mediante cambio disruptivo es esencial para el éxito.

- **Procesos**: toda iniciativa disruptiva puede conllevar transformación de procesos. Esa transformación puede llegar hasta la modificación radical del modelo de negocios. Eso, a su vez, puede implicar el rediseño total de espacios de trabajo y de las distintas tareas que se efectúan para generar el producto o servicio. Se tiene que reconocer que los métodos, procesos y procedimientos anteriores pueden dejar de existir para lograr la transformación completa.

- **Tecnología**: el cambio disruptivo puede requerir la alteración de cómo se utiliza la tecnología existente o la incorporación de una tecnología completamente nueva para la organización. Esa tecnología puede afectar tanto los procesos como el personal, por lo que el entendimiento y manejo de este componente en el proceso de transformación también es crucial.

Este escrito trata sobre disrupción, las estrategias de cambio organizacional, la adopción de tecnologías disruptivas, cómo desarrollar una organización disruptiva y una metodología para adoptar un enfoque disruptivo para la transformación organizacional.

Este enfoque disruptivo proveerá beneficios a la organización. Esos beneficios no son solamente de índole económico, también son de calidad e integración de las actividades de negocios. El enfoque ayudará a las organizaciones en cinco áreas fundamentales:

- A ser más ágiles.

- A estar mejor preparadas para enfrentar cambios en

legislación y reglamentos.

- A optimizar su estructura organizacional.
- A ser una organización más competitiva.
- A adoptar tecnologías que faciliten la disrupción.

Cada día las organizaciones experimentan un ritmo de cambios más acelerado. Estos cambios se dan en los sectores tecnológicos, políticos, económicos, sociales, legislativos, competitivos, culturales y climáticos. Estos cambios generan un gran impacto en la estabilidad de las organizaciones. Esto crea la necesidad de transformarse. En ciertos casos, se requiere la transformación utilizando un enfoque disruptivo.

Pero esa transformación requiere un modelo de pensamiento. Para determinar qué modelo debe utilizarse, se debe ver la historia para ver que dice.

En revoluciones industriales anteriores, la tecnología, el personal y la manera de organizarse jugaron un papel clave en la articulación de cambios disruptivos. Para tomar un ejemplo, se recuerda una tecnología disruptiva como el automóvil Modelo "T" de Henry Ford y el proceso "revolucionario" que él utilizó para producirlo, la línea de ensamblaje. En este caso, los autos ya existían. Lo que creó la enorme disrupción en el mercado fue la manera de organizar a los que producían el producto. Como consecuencia de esa innovación en la organización, "la Ford" eventualmente eliminó muchos competidores (como Packard, Studebaker y muchos más) y se convirtió en el gigante que es hoy.

La lección que se deriva de este y otros ejemplos es clara. Los que ignoran los tres elementos mencionados pagan un precio muy caro. Prestarles atención a esos elementos: personal, procesos (método organizacional) y tecnología es necesario para poder adaptarse a la velocidad del cambio y no quedar rezagados.

Transportando la lección histórica hacia el presente, se puede aseverar que la lección trasciende el transcurrir del tiempo. Sigue siendo cierto que esos tres elementos son importantes para el éxito; el que los ignora, fracasa.

Cuando se examinan las distintas tecnologías que afectan el cambio (y se examinan en mayor detalle más adelante) y cuando se cobra consciencia de la multiplicidad de aplicaciones de esas nuevas tecnologías en una diversidad de industrias, se hace aún más evidente la necesidad de adoptar un enfoque disruptivo integral.

Conjuntamente con el enfoque integral, se tiene que adoptar una postura proactiva. Sólo así se pueden articular los esquemas de cambio que posicionan a la empresa como líder estratégico en su ecosistema.

Los cambios que enfrentan las organizaciones son cada vez mayores y más acelerados. De igual forma, el ciclo de vida de un producto se reduce debido a la introducción acelerada de nuevos productos en el mercado. Los cambios demográficos son otro componente de la ecuación del cambio. Como ejemplo, diferencias en gustos, percepción y actitudes entre los integrantes de los "Baby Boomers", la Generación "X" y los "Milenarios", tienen sus consecuencias en los distintos mercados. Y de la tecnología ni hay que hablar; el impacto de la ley de Moore se siente a diario en la lluvia de productos y servicios variados que se le presentan al consumidor.

Personal, procesos y tecnología siguen siendo tan importantes hoy como lo han sido a través de la historia. Esos tres componentes se interrelacionan y esencialmente "crean" su empresa. No hay duda de que, si se quiere enfrentar a este nuevo y dramático ambiente, donde el cambio es la regla y no la excepción, la adopción de un enfoque integrado y proactivo no es una "comodidad" o una "conveniencia" o "algo que se hace para estar al día con los últimos conceptos". Es una acción necesaria, vital e imprescindible… si se desea tener éxito en este ambiente.

DISRUPCIÓN

¿Que es Disrupción?

Se empieza por definir el concepto de disrupción dentro del mundo de los negocios. Entre las definiciones encontradas en la literatura, se incluyen:

- Jean-Marie Dru en el 1992 acuñó y registró como una marca registrada de la empresa de publicidad y mercadeo TBWA, el término "Creative Disruption". Definió la disrupción como un cambio radical en el mercado resultante de los cambios de las convenciones existentes. Su énfasis fue desde el punto de vista de mercadeo, la creación de marcas y la innovación.

- Clayton M. Christensen, profesor de la Escuela de Administración de Empresas de la Universidad Harvard definió, en 1995, el término "innovación disruptiva". Lo designó como una innovación que crea un nuevo mercado y red de valor y que interrumpe y desplaza productos, alianzas y firmas líderes del mercado.

Analizando estas acepciones, se llega a una definición que es la que se utiliza para fines de este libro. Definimos disrupción como:

Aquello que produce una ruptura brusca, cambio, alteración del orden de las cosas, de forma inesperada. Se usa en referencia a algo que genera un cambio drástico.

Sin embargo, eso es una definición de "primer nivel". Hay que expandirla un poco para comprender bien el concepto.

La disrupción tiene dos "tipos". Los "tipos" se definen basado en el punto de origen de la disrupción. La más común (y, por ende, la más conocida) es la disrupción de origen externo: la "disrupción externa". Esta disrupción se origina por factores <u>externos</u> a la empresa. A continuación, dos ejemplos de disrupción externa generada por un competidor:

- El establecimiento de un nuevo modelo de negocio para rendir el mismo servicio o generar el mismo producto que su empresa genera.

- La introducción y utilización de una tecnología innovadora para simplificar y hacer más efectiva o eficiente la generación de ese producto o del servicio.

Si la disrupción externa la genera un competidor y no ha sido anticipada, la única opción que tiene disponible es asumir la postura reactiva. Si la empresa ha estado analizando opciones y crea un cambio disruptivo que afecta el ambiente externo, entonces la postura ha sido una proactiva.

Disrupción

El otro tipo de disrupción es la "disrupción interna". Este tipo de disrupción la genera la empresa dentro de su propio seno. Frecuentemente, es el resultado de un análisis interno que lleva a la empresa a efectuar un cambio disruptivo que tiene un impacto primordialmente interno, pero con consecuencias externas a la empresa. Esos cambios internos pueden estar relacionados con personal, procesos o tecnología... o con todos a la vez.

Las consecuencias externas pueden empezar a manifestarse una vez concluido el proceso interno. Incluyen cambiar dramáticamente su situación competitiva, efectuar una disrupción en el mercado en el que compite y dominar el sector de la industria en la cual participa.

Es importante entender que el cambio disruptivo interno es un preludio a un impacto externo que la empresa va a crear. Este tipo de cambio disruptivo es producto de una postura proactiva. La empresa se está anticipando a su mercado, quiere servirlo de la manera más efectiva y eficiente posible, desea tener un impacto en su industria que la colocará con claro dominio en su espacio competitivo; pero reconoce que tiene que prepararse internamente para ese logro. Por consiguiente, tiene que generar un cambio disruptivo internamente primero, para luego proyectarse en su mercado.

Cuando las organizaciones se acogen a un enfoque "disruptivo", están adoptando una filosofía de cambio que impacta de manera profunda los componentes de la organización y la del mercado en que opera. Cuando es "interna", la disrupción puede ser motivada por la introducción de una nueva tecnología o por un nuevo concepto. Cuando es "externa", puede ser iniciada por cambios dramáticos en los procesos o estructura de las organizaciones de la competencia. En esos casos, la tecnología y los conceptos nuevos también pueden jugar un papel en la innovación. Alternativamente, cambios externos pueden surgir como consecuencia de cambios súbitos o inesperados en los mercados en que opera la empresa.

Yo Estoy Bien... No Necesito Cambiar

Muchas organizaciones se encuentran en su zona de confort. Entienden que todo marcha sobre ruedas. Más aún, hay organizaciones que son exitosas económicamente y piensan "¿para qué cambiar, si todo está bien?".

El comienzo de una iniciativa de cambio disruptivo puede ser impuesta repentinamente por cambios en el ambiente externo o cambios en la habilidad de un competidor de visualizar una manera nueva de utilizar tecnología disponible en su industria. Esto les ocurre a empresas que adoptan la postura reactiva. En una situación donde existe un cambio disruptivo en su entorno, la pregunta a contestar no es "¿quiero cambiar o no?"; la pregunta es "¿sobrevivo... o me llevará la corriente?". Obviamente, si se quiere sobrevivir, no hay opción. Se va a ver obligado a inmediatamente iniciar el proceso de cambio.

Pero no todas las situaciones son así. Están las empresas donde la postura proactiva permea su pensamiento gerencial. Están "al frente", como dicen algunos, y no están en la disposición que los eventos los arropen. Y como desean "anticiparse al futuro", inician un proceso de evaluación integrada de la situación en que se encuentra la organización. Esta evaluación integrada es con respecto a su personal (estructura, capacidad, liderazgo, etc.), a sus procesos (flujo, efectividad, eficiencia, etc.) y a su tecnología (rol, capacidades, potencial, etc.). Esa evaluación se lleva a cabo con un marco de referencia, que es el medio ambiente en que opera la empresa: el estado de su industria, sus competidores, el nivel de tecnología en uso, el nivel de tecnología disponible. Esa evaluación integrada culmina en un resultado. Ese resultado, a su vez, resulta en la determinación del "estado" de la organización.

Obviamente, cada "estado" es particular a cada organización. La diversidad entre empresas, aún en la misma industria, puede ser significativa. Sin embargo, no se puede generalizar en cuanto a adaptar el contenido del libro a cualquier industria. Por lo tanto, se identifican tres "estados" genéricos o generales que podrían ser aplicables a un de una evaluación integrada. Esos tres "estados" son los siguientes:

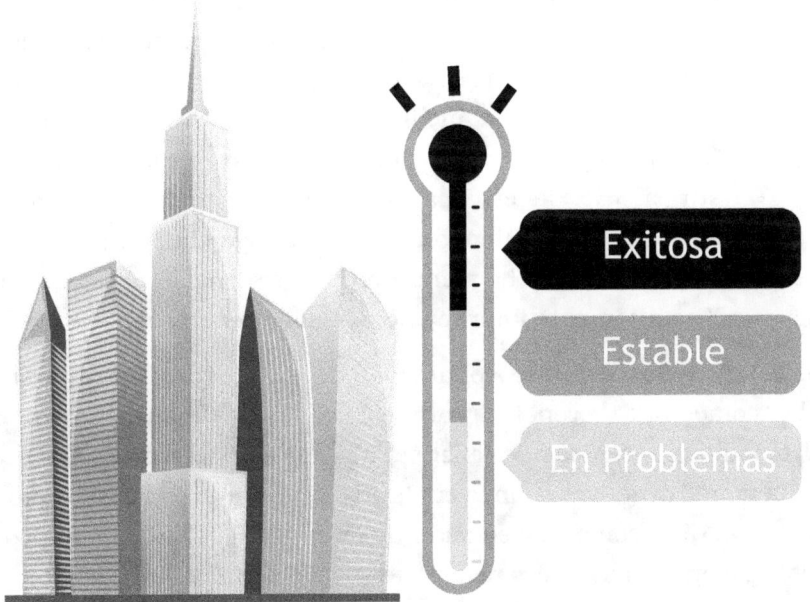

- **Organización exitosa**: todo su personal está comprometido con la visión de la organización, encaminándose persistentemente hacia el éxito, y la obtención de desarrollo financiero y crecimiento. Tiene procesos efectivos y eficientes y están a la vanguardia con su tecnología. Muy probablemente son líderes en su industria.
- **Organización estable**: su estructura, en términos de personal, procesos y tecnología, se percibe sin problemas latentes. Las finanzas son estables y sólidas, pero no tiene visualizado la adopción de tecnologías disruptivas, nuevos procesos y/o nuevos roles del personal que le permitirán avanzar hacia un nuevo nivel de ejecución. Pueden ser percibidos como buenos seguidores en su industria, pero no son señalados, necesariamente, como "organización a emular".

- **Organización en problemas**: su estructura es tradicional y su personal se ajusta a ella. Sus procesos cumplen el requerimiento mínimo de producir un producto o servicio, pero se llega hasta ahí. Tienen dificultades con la calidad y el cumplimiento. No encuentran maneras de mejorar su efectividad y su nivel de eficiencia no provee mucho margen para mejorar el precio de su producto. Su tecnología es aceptable en la medida en que no están haciéndole "modificaciones" para poder manejar situaciones que surgen. No tienen una capacidad real para enfrentarse a cualquier cambio repentino que pueda surgir en su industria, y mucho menos uno que se considere disruptivo. Y es altamente improbable que ellos generen uno.

Dentro de los estados señalados, deben existir unos niveles de "comodidad gerencial" con respecto a la organización. Por "comodidad gerencial" se refiere al nivel de satisfacción que siente el personal de supervisión, a cualquier nivel, tanto con la ejecución de su equipo como la ejecución de la empresa. Esa "comodidad" es función de las experiencias que se viven en la organización.

Las personas en organizaciones "exitosas" tienden a sentirse muy orgullosas y satisfechas, tanto con la organización como con ellos mismos. Lo mismo tiende a ocurrir con las personas en las organizaciones "estables". Las personas en organizaciones "en problemas" tienden a estar descontentas, o preocupadas y no se sienten seguros... ni con el futuro de la empresa ni con ellos mismos en la posición que ocupen. En cuanto a cambios, las personas de las organizaciones en los primeros dos "estados" ("exitosa" y "estable"), pueden sentirse confiadas en su capacidad de enfrentar cualquier "cambio", sea cual sea. Las personas de organizaciones "en problemas" puede que estén mucho más nerviosas e intranquilas ante la posibilidad de cambios.

Pero... ¿Están bien en sentirse así?

Bueno, es posible que las personas en las organizaciones "en problemas" estén muy justificadas en su sentimiento. Sin embargo, no se puede decir lo mismo de las personas en empresas en los otros dos "estados".

¿Por qué? Es importante recordar las palabras claves en la definición de cambios disruptivos: repentino, no anticipado.

Un ejemplo. Es seguro que las personas en la empresa Kodak se sentían orgullosos en trabajar allí. También estaban muy satisfechos con sus logros y el dominio casi completo del mercado de fotografía que tenía Kodak con sus películas. Tenían películas fotográficas para fotos en blanco y negro, para fotos a colores, para transparencias y cada una de esas categorías tenía múltiples variaciones para manejar distintas densidades de luz, etc. Cualquier fotógrafo, profesional o aficionado, que quería tomar una "buena foto" invariablemente escogía las películas fotográficas de Kodak.

Pero entonces llegaron las cámaras digitales.

Se diría que ellos no fueron capaces de anticipar el cambio en la tecnología. Pero no resulta ser eso, puesto que el primer prototipo de una cámara digital fue creado en 1975 por el ingeniero Steve Sasson, empleado de Kodak.

Para resumir, la "tecnología" muchas veces no es el factor que mayor impacto tiene en la capacidad de una organización de sobrevivir un cambio. De hecho, el personal de muchas empresas con frecuencia identifica la tecnología disruptiva o los cambios conceptuales disruptivos que pueden afectarlos. El problema no está ahí. El problema está en la "gente", en su nivel de "satisfacción" con el estado de cosas, en su "comodidad" con las cosas como están, en cómo eso afecta la capacidad de hacer las preguntas correctas, o en la capacidad de elaborar la "visión" del futuro que les permite descubrir las oportunidades que las nuevas tecnologías o conceptos les pueden brindar.

Esa "visión" del futuro es producto de gente. Esa "gente" – como se detalla más adelante – es la organización. Las preguntas que se hagan – o que NO se hagan – y las decisiones que tomen, a la luz de lo que pueden "ver" en el futuro para la empresa (su "visión"), es lo que va a determinar el grado de éxito en enfrentar cambios disruptivos.

La gerencia de Kodak era exitosa. Se sentían muy cómodos y satisfechos. Tenían la tecnología disruptiva en las manos. De hecho, ellos mismos se la inventaron. Pero la comodidad y la satisfacción los "durmió". No supieron hacer las preguntas correctas. Y pagaron las consecuencias. Se los llevó la corriente.

Se puede aprender mucho de la experiencia de Kodak.

La primera lección es que sea cual sea el "estado" particular de su organización – y se pueden utilizar los "estados genéricos" que se identifican para propósitos de esta discusión – no se puede dar el lujo de "descansar sobre laureles". Tiene que mantener una postura proactiva, ante todo, buscando siempre la manera de posicionar su empresa a la vanguardia.

La segunda lección es que la esencia de todo cambio es la gente. Son personas las que pueden visualizar el futuro. Son personas las que toman decisiones en cuanto a dónde se van a adjudicar recursos. Son personas las que pueden identificar las situaciones que pueden amenazar la continuidad de la empresa. Y son personas las que pueden crear la visión de un futuro diferente.

La tercera lección es que un cambio disruptivo no empieza con la identificación de una tecnología o con la determinación de qué cosa se va a cambiar. El cambio disruptivo empieza con una visión de lo que puede ser. Partiendo de eso, entonces se alinean los recursos, los mecanismos, la gente, la tecnología y los procesos para hacer ese futuro posible. Pero sin esa visión, aunque se tenga la tecnología y se tenga la gente, e inclusive se tengan algunas "ideas sueltas", la posibilidad de no poder materializar el cambio se hace muy real.

En la experiencia de los autores, el poder elaborar la visión es la parte más dificultosa de generar un cambio disruptivo de manera proactiva. De hecho, la metodología propuesta estipula que ese es el punto de partida de una iniciativa transformadora. Y si hay algo claro en esa metodología, es que hay que empezar haciendo las preguntas correctas.

Al hablar de "metodología", se refiere al conjunto de tareas, procesos, insumos y productos empleados para lograr un objetivo. La metodología que se utiliza proviene de un esquema racional y estructurado hacia el logro de un objetivo dado: la transformación empresarial. La metodología, por su naturaleza, es disruptiva, porque guía por los procesos requeridos para implantar un cambio radical en la estructura de una organización o en su modelo de negocios. Al igual que el enfoque que se describe; es integrada, y abarca personal, procesos y tecnología. De igual manera, es adaptable, y puede ajustarse a las necesidades de organizaciones de distintos tamaños y de diferentes niveles de dispersión.

Pero, como enseña la experiencia de Kodak, su valor principal nace de la capacidad de guiarse por el proceso de hacer las preguntas correctas. Sólo así se puede contemplar la posibilidad de una transformación exitosa.

¿Por qué Se Requiere Un Enfoque Disruptivo?

Una organización requiere de un enfoque disruptivo para lograr un cambio de posición en su industria. Eso lo logra cambiando su modelo de negocio, o introduciendo nuevas tecnologías o conceptos que incrementan dramáticamente su efectividad y eficiencia. Lo que se busca con el enfoque disruptivo es una transformación empresarial y un reposicionamiento en su mercado.

Algunas de las razones que requieren la adopción de un enfoque disruptivo son:

- **Obsolescencia**: una organización puede caer en la obsolescencia ya sea en sus procesos, productos, infraestructura, o estructura organizacional, entre otros. El uso de un enfoque radical para transformar a una organización que se encuentra en la obsolescencia permitirá la renovación de esta, desarrollando dinámicas innovadoras con las cuales podrá proyectarse a un futuro que exige cada día estar a la vanguardia.

La adopción de un enfoque disruptivo incorpora mecanismos de monitoreo y mejora continua, los cuales son primordiales para no incurrir nuevamente en los errores del pasado. El contar con estos mecanismos habilita el mantenimiento de la ventaja competitiva lograda. Pero, claramente, el cambio disruptivo tiene que ocurrir primero.

- **Competencia**: La competencia, con frecuencia, sirve para "despertar" a una gerencia complaciente que se conforma con la postura reactiva. Factores como la pérdida de clientes y cambios en el posicionamiento sirven de "banderines de advertencia" que algo anda mal. Si los integrantes de la empresa no están pendientes del proceso competitivo, disminuyen la capacidad de la organización de dominar s mercado.

Una empresa que enfrenta disrupción impuesta por otra empresa competidora tiene que responder a la altura del reto, Solamente un cambio disruptivo le permite el nivel de transformación necesario con la velocidad apropiada para sobrevivir y superar el nuevo ambiente.

- **Reglamentos**: Un cambio en reglamentos puede ocasionar cambios mayores en una organización. La intervención gubernamental en los mercados mediante reglamentación, con frecuencia no es beneficiosa. Esa intervención puede distorsionar el mercado e, inclusive, favorecer a algunos competidores sobre otros. En los casos más extremos, el costo de incumplimiento puede llevar a una empresa a la disolución.

Un enfoque disruptivo puede proveer un rediseño estructural que simplifica los procesos de cumplimiento, simplifica los procesos de adquisición de datos y posiciona a la empresa a la vanguardia en su industria.

- **Crisis**: El evento de crisis con frecuencia es uno interno, pero puede ser causado por factores internos o externos. En la mayoría de los casos, factores internos son los más comunes. Disloques organizacionales, la inhabilidad de poder ajustarse a procesos impuestos a la ligera, dependencia excesiva en sistemas de legado, combinados con cambios súbitos en el mercado o el surgimiento de nuevos competidores, pueden crear una percepción de crisis que requiere atención inmediata.

En muchas ocasiones, meros "cambios" o "ajustes" a los procesos no son suficientes para proveerle a la empresa opciones realistas para superar la crisis. Se requiere de una transformación total, comenzando por la gente y siguiendo con los procesos y la tecnología. En esos casos, un enfoque integrado de cambio disruptivo puede proveer la opción de transformación exitosa.

Resultados De La Adopción De Un Enfoque Disruptivo

La adopción de un enfoque disruptivo puede generar múltiples beneficios. Esos beneficios van a variar dependiendo de la canalización de esas energías disruptivas. En el caso del enfoque disruptivo interno, el cambio dramático se puede manifestar en los componentes operativos de la empresa, como los financieros, los de servicio o los de personal, para mencionar tres. Si el enfoque es externo, entonces el cambio dramático se puede manifestar en términos de volumen de clientes, o en la capacidad de la empresa de entrar en nuevos mercados con mayor agilidad que sus competidores.

Dependiendo de la manera en que se enfoque la disrupción, y la postura que se asuma, los beneficios a obtenerse pueden incluir:

- **Mantenerse como negocio viable**: En el caso de un esfuerzo de disrupción bajo la postura reactiva, porque lo que obliga al cambio es un factor externo no anticipado, la organización puede mantenerse como negocio viable. También puede lograr que la organización crezca, aun dentro del nuevo ambiente disruptivo.

- **Ventaja competitiva**: En los casos de un enfoque disruptivo interno o externo, la organización puede lograr la diferenciación de sus competidores para lograr superioridad tanto en la industria como en el mercado que opera. Esa diferenciación se puede manifestar en procesos productivos, en el producto o servicio que vende, en el servicio al cliente, en el manejo del recurso humano, o en la tecnología. Nuevamente se identifica esa manifestación en los tres componentes claves empresariales (personal, procesos y tecnología).

- **Ventaja tecnológica**: En una era de continuos adelantos tecnológicos, la adopción de tecnología moderna no solamente es necesaria; resulta ser, en muchas ocasiones, imprescindible. La falta de innovación tecnológica afecta el desarrollo de los procesos de la organización, al igual que la competitividad. No obstante, hay que comprender que la adopción de tecnología por sí sola, no genera un cambio disruptivo en la organización; pero si se integra la tecnología a otras iniciativas bajo el modelo de disrupción interna o externa, los efectos pueden ser, literalmente, dramáticos.

Y Después Del Cambio Disruptivo, ¿Qué Hay?

La transformación de una empresa como resultado de una iniciativa disruptiva, ya sea provocada por factores externos o internos, no ocurre en el vacío. La transformación le permite a la organización lograr ciertas ventajas como se ha detallado previamente, pero no invalida o sustituye los mecanismos administrativos que existen. Tampoco convierte en inservibles herramientas que se utilizan para "lubricar" la nueva "maquinaria" transformada.

Procesos de mejoramiento continuo, de monitoria asertiva, de medición y de control siguen teniendo relevancia. Tienen utilidad tanto durante el proceso de transformación como después de completado.

Estas herramientas sirven, en primera instancia, para mantener el proceso de transformación dentro de su itinerario y alineado con los objetivos y metas que se establecieron en el plan de transformación. Una empresa no puede dejar de operar durante la transformación. Tiene clientes que servir, facturas que pagar y otras obligaciones que cumplir. Necesita saber cómo se está cumpliendo con las exigencias operacionales durante su transformación. Pero a la misma vez, tiene el proceso de transformación, en el cual deben estar participando los administradores de sus distintos departamentos que continúan operando. Las herramientas de medición y control le pueden proveer información referente al estatus de su operación y el estatus de su iniciativa de transformación disruptiva. En ese rol dual, sirven como multiplicador de la efectividad de los cuadros administrativos de la empresa.

En segunda instancia, sirven para garantizar la optimización de los nuevos procesos establecidos y para levantar las banderas de alerta cuando los procesos se desvirtúan. Nuevamente, no hay incongruencia entre las metodologías. Una vez establecido el nuevo modelo de negocio, los nuevos procesos requerirán la atención y monitoria de los distintos administradores a distintos niveles. Hay que garantizar que esos nuevos procesos, diseñados para darle a la empresa unas ventajas competitivas, se mantienen operando a su máximo nivel de efectividad y eficiencia. Los mecanismos de mejoramiento continuo, medición, monitoria asertiva y control son tan necesarios en la organización transformada como lo fueron en la organización previa.

En tercera instancia, pueden ser una manera efectiva de ayudar a detectar cuándo se hace necesaria otra transformación disruptiva. La velocidad de los cambios hoy día no deja de ser asombrosa. El surgimiento constante de nuevas tecnologías y nuevos conceptos obliga a la vigilancia constante si el objetivo es mantener la ventaja competitiva que posiciona a la empresa como dominante en su industria. Uno de los recursos es lo que se conoce como "benchmarking". Eso – dicho de otra manera – es "comparación". Se comparan ciertos aspectos de la ejecutoria de su empresa con la de otras empresas, o con promedios de indicadores de ejecución en su industria. Basado en eso, determina cómo su empresa está operando respecto a sus competidores.

Para poder hacer la comparación, necesita sus métricas. Y con sus datos en mano, puede determinar si los competidores se están adelantando o manteniéndose a la par. Eso, a su vez, le provee pistas referentes a posibles cambios que ellos pueden estar haciendo en <u>sus</u> modelos de negocio. De esa manera, puede recibir "advertencias" de que ha llegado el momento de estudiar nuevamente la posibilidad de tener que hacer otro cambio disruptivo.

Para mantener su empresa competitiva, debe utilizar todas las herramientas que tiene a su alcance. El proceso de transformación es complejo, pero no lo exime de continuar operando su organización mientras la transforma. Precisamente por eso es por lo que ese proceso de cambio es tan disruptivo. Le va a estar imponiendo exigencias a su "gente" y estará creando situaciones difíciles de manejar. Debe asegurarse que todos mantienen el uso de las herramientas de medición y control, porque eso es lo que va a ayudarlos a salir airosos de la experiencia.

Se termina este capítulo con el conocimiento de lo que es la disrupción, de la necesidad de determinar el "estado" de la organización, de las razones por las cuales se debe adoptar un enfoque disruptivo y las ventajas que se pueden obtener del mismo. También se ha aprendido que las distintas iniciativas de medición, mejoramiento de calidad, monitoria asertiva y control, al igual que sanas prácticas de administración y liderazgo, no son incompatibles con un esfuerzo disruptivo de transformación empresarial.

Falta repasar los avances tecnológicos que facilitan o habilitan la disrupción, pero eso se discutirá en el próximo capítulo.

AVANCES TECNOLÓGICOS QUE FACILITAN LA DISRUPCIÓN

¿Cómo Están Trasformando El Mundo los Avances Tecnológicos?

La tecnología ha desempeñado un rol crucial en la generación de cambios. La misma ha sido implementada de diversas formas en los procesos de transformación. Los resultados pueden llegar a ser diferentes, debido a la cultura de la organización, el factor humano, la forma de ejecución y cómo se lleva a cabo la adopción de esta. Ésta abre las puertas a nuevas posibilidades que antes no se imaginaban.

En la actualidad los cambios se aceleran cada día más. Esta aceleración se da en gran medida debido a los adelantos tecnológicos. Desde los años 60, el mundo ha observado el desarrollo de los sistemas computarizados y todas las tecnologías asociadas a éstos. Los cambios han sido históricos en términos de tamaño, velocidad y alcance.

Se habla del hecho que la humanidad está a la puerta de una nueva revolución industrial, dejando atrás múltiples aspectos tecnológicos y adoptando los nuevos adelantos a una velocidad nunca antes vista.

Las características más impactantes de estos nuevos cambios son:

- **Velocidad**: Contrario a las previas revoluciones industriales, ésta se encuentra evolucionando de forma exponencial en lugar de lineal. Esto es resultado del mundo interconectado de hoy en día y del advenimiento de tecnología con mayor capacidad y velocidad.

- **Amplitud y profundidad**: Se combinan múltiples tecnologías que facilitan los cambios en paradigmas en la economía y en el mundo organizacional, social e individual. Se está transformando el "qué" y "cómo" de las cosas. De la misma manera, las personas se están transformando para realizar estos cambios.

- **Impacto en los sistemas**: Los cambios tecnológicos no se limitan ya a efectos locales. Ahora abarcan los sistemas de los países, compañías, industrias y hasta de la sociedad como un todo.

La adopción de tecnología no implica sólo adquirirla e implantarla en su forma básica. No hay duda de que la implantación básica provee un beneficio. Sin embargo, el beneficio mayor se obtiene de una buena planificación de adopción de la tecnología. Esto es especialmente cierto cuando esa implantación está asociada con los planes disruptivos de una organización. Incluso, la nueva tecnología puede ser la que promueva los cambios en los planes de la organización.

Teniendo esto en cuenta, es importante repasar algunos de los adelantos tecnológicos que han tenido un impacto disruptivo en las personas, las empresas, e inclusive en la sociedad.

Avances Tecnológicos Disruptivos

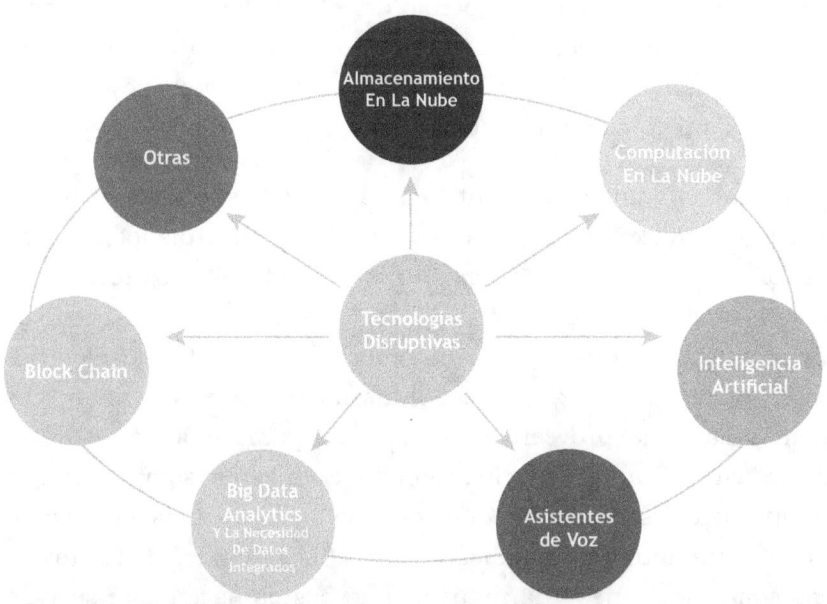

Almacenamiento En La Nube

El "almacenamiento en la nube" es un modelo de almacenamiento ideado originalmente en los años 60 como parte del proyecto ARPANET. Dicho proyecto se desarrolló bajo la dirección del "U.S. Advanced Research Projects Agency (ARPA). Esa agencia desarrolló una manera de comunicar distintas computadoras ubicadas en distintos lugares distantes. A la red que creó la llamó "ARPANET". Esa red (ARPANET) fue el precursor de lo que hoy se conoce como el "Internet".

En sus orígenes, ARPANET integraba redes de computadoras y creaba programas para simular el que los dispositivos de almacenamiento de datos de otras computadoras estuviesen disponibles en cada computadora como si fueran sus dispositivos locales. La meta era hacer todos los dispositivos de almacenamiento de datos, visibles a todas las computadoras interconectadas en la red. La idea de simular un duplicado eficiente de dispositivos de almacenamiento con acceso a su información como si fuera un recurso local, fue el principio de lo que hoy se conoce como "la nube". Esa frase, "la nube", evolucionó como una metáfora empleada para referirse a servicios que se obtienen de recursos remotos a través de internet.

Hoy día, el "almacenamiento en la nube" es un servicio que permite almacenar datos de forma segura. Los dispositivos de almacenamiento le pertenecen a otras entidades. Como típicamente están localizados remotamente, se accede a estos dispositivos de almacenamiento a través del internet. Esa comunicación por internet se caracteriza por distintas medidas de seguridad. Las compañías que proveen el servicio de "almacenamiento en la nube" virtualizan el espacio asignado. Esto lo que significa es que el que usa el servicio, puede ver ese espacio de almacenamiento como si fuera uno de sus discos locales. Los grandes adelantos en las comunicaciones y la reducción en costos hacen este servicio más asequible cada día.

Los proveedores de servicios de almacenamiento de datos en la nube suplen herramientas para administrar sus almacenes de datos. Estas herramientas de administración permiten, entre otras cosas, administrar la seguridad de sus datos. Existen estándares de seguridad como PCI/DSS (Payment Card Industry Data Security Standard) y otros estándares adicionales. Como ejemplo, es posible que, si usted visita la oficina de un médico, le den un documento a firmar donde indican las medidas de seguridad que toman con la información suya que ellos guardan. Eso lo hacen bajo las disposiciones de la ley HIPAA (Health Insurance Portability and Accountability Act), que también establece estándares de seguridad a seguir con información médica. Los proveedores de almacenamiento en la nube buscan cumplir con todos los estándares que apliquen para promover la confianza entre sus clientes potenciales.

La evolución tecnológica ha creado cambios dramáticos en la

manera que personas y organizaciones pueden acceder sus datos. La "nube" permite que puedan acceder su información de casi cualquier lugar en el mundo. Solo necesita un dispositivo de computación y una conexión a internet. Ese dispositivo puede ser un ordenador personal, un "teléfono inteligente"; en fin, cualquier ordenador portátil. Sus datos pueden residir directamente en la memoria del dispositivo, pero, preferiblemente, residen en la "nube". El usuario puede crear o modificar un archivo en cualquiera de sus equipos. La "nube" le permite ver ese archivo instantáneamente en cualquiera de sus dispositivos. Si lo desea, el usuario puede conservar versiones previas de sus archivos. Eso le permite decidir, subsiguientemente, si prefiere una versión anterior del documento.

En la actualidad hay mayor disponibilidad de compañías que ofrecen el servicio de almacenamiento en la nube. En ciertos casos, el servicio es gratuito. En otros, conllevan un costo. El costo puede ser una función de ciertos factores, como la cantidad de datos que se almacena, la aceptación de ver publicidad, o si los datos son personales u organizacionales.

A nivel corporativo se almacenan datos a tono con las necesidades de la organización y el costo se acuerda por negociación. Servicios como Amazon Drive, Apple iCloud, Box, Google Drive, Dropbox, Microsoft OneDrive y otros, están ofreciendo gran capacidad de almacenamiento a sus clientes personales y organizacionales. El almacenamiento en la nube se contrata según el uso que se le dará. Los proveedores se encargan de administrar cosas como la capacidad a utilizarse, la seguridad de los datos y la durabilidad del equipo. El acceso a los datos se hace mediante protocolos tradicionales, como TCP, FTP y http, o directamente mediante funciones automatizadas (o procedimientos) que procesan la petición de acceso a los datos, se la pasan a la computadora remota donde residen los datos, y luego le responden con la contestación correspondiente. A esos procedimientos se les conoce como "API",

Esas siglas representan "Aplication Program Interface" en inglés (en español, se conoce como Interfaz de Programas de Aplicación, y representa la conexión funcional entre dos sistemas).

Entre los beneficios encontrados al utilizar almacenamiento en la nube, están:

- La reducción de costos (como resultado de no tener que administrar las áreas de almacenamiento de datos)

- La economía en el tiempo que toma implantar la infraestructura (porque el proveedor del servicio ya tiene lo fundamental y logra economías de escala) y, la automatización de copias de resguardos de los datos (que se generan por el proveedor del servicio).

Se puede analizar la capacidad existente de almacenamiento de datos en la nube. Se pueden analizar los medios de almacenamiento. Y se pueden extrapolar los avances tecnológicos de estos por los próximos 10 años. Si se hace eso, se puede llegar a la conclusión que los individuos y las organizaciones tendrán almacenamiento virtualmente ilimitado. Esa accesibilidad estará disponible a la demanda desde cualquier dispositivo o computador. La explotación creativa de esa realidad le puede servir de energía a cualquier organización que le encuentre aplicabilidad comercial de manera disruptiva.

Computación En La Nube

El comienzo conceptual de la idea de "computación en la nube" se remonta a los años 60 con el advenimiento del ARPANET (vea la sección anterior sobre "almacenamiento en la nube"). Hoy día, los servicios que se ofrecen están disponibles en cualquier lugar del planeta donde exista acceso a internet.

La "computación en la nube" se conoce con distintos nombres. Dos ejemplos son "servicios en la nube" e "informática en la nube". Sea cual sea su nombre, el concepto tiene un significado; se refiere al ofrecimiento de todo tipo de servicio de computación accesible vía internet. Típicamente, el cobro por esos servicios se basa en cuánto se utilicen.

Lo que diferencia la "computación en la nube" del "almacenamiento en la nube", descrita previamente, es la existencia de una aplicación. Esa aplicación se ejecuta en un servidor que es parte de la "nube". La computación en la nube también se diferencia del alojamiento de recursos de computación (en inglés, "hosting") por los siguientes criterios:

- La tarifa se basa en el uso (por minuto, por horas); es elástica, ya que no tiene que usarse por un tiempo fijo en un lugar estipulado; provee flexibilidad en la disponibilidad y utilización de los recursos.

- El servicio se provee en su totalidad por un proveedor que permite acceso a una aplicación estándar.

Las innovaciones en virtualización y sistemas distribuidos, los grandes avances en la velocidad de acceso a internet y la búsqueda de economías, han generado un gran impulso en la computación en la nube.

La nube puede ser privada o pública. La nube pública es la que se administra o maneja por un proveedor que vende servicios de internet a cualquier usuario. Ejemplos de proveedores de nubes públicas incluyen Amazon, IBM, Microsoft y Oracle.

La nube privada es una red que le pertenece a una organización y que ofrece servicios a un número limitado de organizaciones o personas. Sea privada o pública, el objetivo de la computación en la nube es ofrecer acceso a recursos de computación y servicios de tecnología de información de forma sencilla y escalable.

Los sistemas y plataformas computacionales en la nube siguen en aumento. Nunca se ha tenido tanta capacidad computacional disponible para los individuos, ya sea por una computadora, tableta o teléfono inteligente con capacidad de acceder al internet.

Dado que el internet está superando con creces los otros medios en cuanto a velocidad de adopción, se espera que, en los próximos años, se incremente de forma acelerada los usuarios con acceso regular al internet. En el futuro se espera que el internet no sea un beneficio de los países desarrollados, sino un servicio público básico.

Este incremento en los usuarios con acceso al internet se debe a que la tecnología inalámbrica requiere menos infraestructura que la alámbrica. Eso tiene el efecto de generalizar el acceso al internet, proveyendo mecanismos menos costosos a jurisdicciones con menos recursos. Esto, a su vez, facilita que la creación, diseminación y utilización de contenido se popularice. Las implicaciones disruptivas de esos niveles de diseminación de información, tanto en el campo comercial como el campo político, no se pueden ignorar.

Inteligencia Artificial

La "inteligencia artificial" es la tecnología que hace que las computadoras razonen como humanos. Se refiere a programas de computación diseñados para realizar determinadas operaciones que se asemejan a las que se consideran propias a la inteligencia humana, como el autoaprendizaje.

El desarrollo de esta disciplina busca imitar las funciones cognitivas del ser humano. Dentro de ese contexto, se diseñan "agentes inteligentes" capaces de percibir su entorno y tomar acciones que se asemejan a las que tomaría un humano. Este campo de estudio tiene sus orígenes para finales de los años 50 y principios de los 60.

La inteligencia artificial tiene dos vertientes principales:

- Existen los sistemas que buscan "pensar" como humanos. Sus algoritmos (las reglas y procesos programados) intentan automatizar actividades como la resolución de problemas o la toma de decisiones. También intentan emular el pensamiento lógico racional de los humanos. Igualmente, pueden "aprender" de situaciones previas para proveer insumos y automatizar procesos decisionales complejos. Esto facilita y agiliza el llegar a conclusiones correctas, basadas en los datos y las experiencias pasadas.

- Los sistemas que buscan "actuar" como humanos intentan realizar tareas de manera similar a como la harían las personas.

La inteligencia artificial se puede manifestar de dos maneras:

- Aprendizaje automático ("Machine learning", en inglés). La inteligencia artificial utiliza algoritmos (reglas y comportamiento programado) para aprender de patrones de datos. Tiene la capacidad de aprender de algo en específico sin haber sido programada con ese propósito en mente. A mayor el insumo de datos mayor el aprendizaje.

- Aprendizaje profundo ("Deep learning" en inglés). Es un subconjunto de aprendizaje automático. Lleva el aprendizaje a un nivel más detallado ya que va por capas o unidades neuronales, tratando de imitar el cerebro. Los algoritmos desarrollados para este tipo de inteligencia artificial procesan los datos recibidos múltiples veces por cada una de las capas programadas. Mientras más datos reciba, mayor su capacidad de aprender.

Se clasifica la inteligencia artificial de aprendizaje automático como limitada, general y súper inteligente.

- La inteligencia artificial limitada se enfoca en un solo tipo de trabajo. Apple Siri y Google Now, con sus asistentes virtuales, son del tipo de inteligencia virtual limitada. Las recomendaciones provistas por Amazon (recomendaciones de libros), LinkedIn (sugerencias de contactos nuevos) y Netflix (recomendaciones de películas o series) también son inteligencia artificial limitada. En este tipo de inteligencia artificial se desarrollan algoritmos sumamente especializados para la tarea que ejecutan.

- La inteligencia artificial general se asemeja a la inteligencia humana. Puede intentar ejecutar cualquier tarea intelectual que un humano puede llevar a cabo. Tiene la habilidad de simular el razonamiento y la planificación. Puede solucionar ciertos problemas y aprender de las experiencias. Este tipo de inteligencia artificial aún no ha sido desarrollada al punto que pueda emular la totalidad de la capacidad intelectual del cerebro humano.

- La inteligencia súper inteligente es la inteligencia artificial que tiene mayor capacidad que la mente humana. Puede manifestarse en todos los quehaceres del cerebro humano, incluyendo la creatividad, la sabiduría general y las destrezas sociales. El factor por el cual la inteligencia artificial súper inteligente pueda sobrepasar la inteligencia humana es materia de especulación en los momentos en que se escriben estas palabras. No obstante, lo que sí se puede decir es que aún no se ha logrado este nivel de desarrollo. Algunos tratadistas especulan que no será hasta el logro efectivo de la computación cuántica que se podrá intentar determinar el potencial de capacidad en estos algoritmos.

En la actualidad, la "inteligencia artificial" puede parear procesos automatizados y detectar patrones en datos relacionados con eventos o procesos. Eso convierte esta tecnología en una de gran utilidad en múltiples funciones de negocios. La "inteligencia artificial" ya remplaza ciertas funciones de negocio y producción que se ejecutan por humanos. Las plantas manufactureras de autos son un excelente ejemplo de esto. Lo que depara el futuro dependerá de la velocidad de progreso en el desarrollo de algoritmos de inteligencia artificial más sofisticados.

La historia da pistas del potencial de ese progreso. En el 1997, "Deep Blue", un supercomputador de IBM, derrotó a Garry Kasparov, campeón mundial de ajedrez, en dos de tres juegos consecutivos. Fue la primera vez que se derrotó a un campeón de ajedrez bajo reglas de torneo. Hay que reconocer, sin embargo, que el juego de ajedrez es uno que puede ser ganado por "fuerza bruta de computación". Por eso, este evento, aunque fue un primer paso que recibió mucha publicidad, no representó un adelanto tan significativo.

En el 2016, el sistema "AlphaGo" de la empresa "DeepMind" de Google, logró derrotar a Lee Sedol, campeón internacional de "Go" con rango segundo a nivel mundial. El "Go" es un juego antiguo de origen chino. El "Go" se caracteriza por unas reglas muy sencillas y con posibilidades de movidas mucho más extensas que el ajedrez. Es un juego menos susceptible a la "fuerza bruta de computación". Requiere mucha más intuición. En ese sentido, la victoria de AlphaGo fue mucho más significativa para el progreso de la inteligencia artificial. El logro de AlphaGo fue obtenido - en parte – por el uso de "fuerza bruta de computación". Pero el uso de sus redes neurales y un proceso de aprendizaje que maximiza el concepto de recompensa acumulativa (en inglés, "reinforcement learning") tuvieron más impacto.

La dirección que tome el avance de la inteligencia artificial está en proceso de definición. Ya hay aplicaciones de inteligencia artificial limitada. Estas se siguen refinando y puliendo para mejorar la experiencia de clientes. La inteligencia artificial general sigue siendo un proyecto en proceso. La inteligencia súper inteligente se circunscribe, hasta ahora, a los libros de ciencia ficción. Pero al menos en esos libros se exploran los potenciales conflictos éticos que puedan surgir y las distintas direcciones en que se podría desarrollar la inteligencia super inteligente.

Lo importante en este momento es comprender que este es un desarrollo tecnológico que continúa evolucionando. No se puede perder de vista. Un adelanto repentino puede proveer un cambio disruptivo en la medida en que alguna organización o empresa encuentre una manera de aplicar esa nueva capacidad a una situación de negocio. El que logre eso primero que su competencia podría dominar su mercado.

Asistentes de Voz

Un "asistente" es un programa (o, si lo prefiere, una tecnología) que ayuda a los usuarios de un sistema de manera automatizada. Realiza tareas específicas con un mínimo de interacción entre el humano y la computadora. El "asistente de voz" utiliza tecnología dirigida a analizar la voz humana, interpretar los sonidos analizados, transformar esos sonidos en instrucciones correspondientes a la computadora, obtener la información necesaria para cumplir con lo solicitado y proveerle la información al solicitante en forma de respuesta verbal.

Para poder ejecutar esta cadena de funciones, el "asistente" utiliza otras herramientas tecnológicas. Entre estas, se encuentra la identificación y el reconocimiento de la ubicación del peticionario y la capacidad de acceder distintos bancos de datos que se mantienen "en línea". Con el acceso a esos archivos, el asistente de voz puede proveer datos como la información climatológica para una localidad específica, la condición del tráfico en áreas cercanas y lugares en las inmediaciones donde se pueden obtener alimentos. Todo esto lo realiza un conjunto de programas (o "agentes de software") que pueden ejecutar las acciones para un individuo.

Los asistentes de voz pueden estar integrados en diversas plataformas y aplicaciones:

- En objetos como altavoces inteligentes.

- En aplicaciones de mensajería instantánea, ya sea en teléfonos inteligentes como en la web.

- Como parte de un sistema operativo móvil.

- Como parte de un teléfono inteligente, independiente del sistema operativo.

- Dentro de plataformas de mensajería instantánea, con asistentes de organizaciones específicas.

- Dentro de aplicaciones móviles de compañías específicas y otras organizaciones.

- En electrodomésticos y automóviles.

"Siri" de Apple, "Alexa" de Amazon, "Assistant" de Google y "Cortana" de Microsoft son algunos de los sistemas de reconocimiento de voz existentes hoy en día.

Las películas de ciencia ficción de los años 50 y 60 y las series de televisión de los años 60 y 70 mostraban computadoras o robots controlados por comandos de voz y cómo interactuaban con el ser humano. La serie original de "Star Trek" y la de "Perdidos en el Espacio" son dos ejemplos que fueron muy populares en su época.

Pero lo que se presentaba en esas series, y en otras series y películas de ciencia ficción, se está convirtiendo en realidad. A diario, entran al mercado dispositivos que se operan por comandos de voz. Entre las fronteras cruzadas por esos dispositivos, se encuentran las casas inteligentes, los automóviles y los equipos de entretenimiento.

De la ciencia ficción se ha pasado a la realidad tecnológica de hoy. Y la tecnología se sigue refinando. Variaciones en acentos, en pronunciación, y en vocabulario – en especial sinónimos – representan retos que se están venciendo. Cada vez más se mejora la identificación correcta de los comandos que se emiten. La inteligencia artificial, descrita previamente, va de la mano con este progreso. Mejoras en ese campo se verán reflejadas en la evolución de los sistemas de voz. Los que puedan adaptar estos sistemas cada vez más sofisticados a necesidades de negocio específicas lograran la delantera en sus industrias.

"Big Data Analytics" Y La Necesidad De Datos Integrados

En los años iniciales de los sistemas computadorizados, los datos se almacenaban en tarjetas perforadas. Con el transcurso del tiempo, los datos pasaron a almacenarse en cintas magnéticas. En aplicaciones que no requerían cantidades grandes de datos, también se utilizaban los "diskettes". La aparición de los discos magnéticos para almacenamiento dio paso al desarrollo de los sistemas de base de datos. El modelo relacional para el diseño de esas bases de datos se convirtió en el más aceptado.

Las bases de datos están presentes hoy en día en diversas plataformas y permean en la mayoría de los sistemas de las organizaciones. La tecnología de bases de datos ha evolucionado. La disponibilidad de almacenamiento también ha evolucionado. Ha llegado al punto que ese almacenamiento se está convirtiendo en cuasi ilimitado por los ofrecimientos que existen en la nube.

Existen más datos disponibles sobre clientes, entidades, gobiernos y comunidades hoy día que en cualquier otro momento de la historia mundial. Esos datos pueden estar almacenados de manera estructurada o no estructurada. Sin embargo, su volumen es tan masivo y su estructura es tan variada que se dificulta su procesamiento y análisis utilizando técnicas tradicionales de base de datos o programas dedicados. A esas acumulaciones masivas de datos se les conoce como "Big Data".

Hay muchos problemas asociados con "Big Data". Van desde la manera en que los datos se capturan, dónde se guardan, cómo accederlos y como analizarlos, hasta cómo validarlos y cómo visualizarlos.

Entre otros factores, "Big Data" es producto de la evolución de sistemas, la introducción de computadoras personales al ambiente de negocios y las diferencias entre los sistemas tradicionales de informática (estructurados, procedimientos complicados para acceder o analizar los datos, etc.) y las múltiples aplicaciones disponibles para las "PCs" (bases de datos de forma libre, EXCEL, bases de datos estructuradas, pero fáciles de manipular y analizar, etc.). La presencia de datos tan variados, representativos de tantas actividades del negocio, creó una necesidad: la de integrar esos datos de distintas fuentes, validarlos y analizarlos en conjunto, para tener un cuadro claro de las operaciones del negocio.

La respuesta al reto que representa "Big Data" (o datos masivos) es un conjunto de herramientas que se conocen como "Análisis de Grandes Datos" o "Analítica de Macrodatos" (en inglés, "Big Data Analytics"). Estas herramientas permiten la recopilación, organización, validación y análisis de grandes cantidades de datos provenientes de transacciones comerciales, servidores de web, computadoras personales y hasta medios sociales y correos electrónicos. El propósito de extraer información de estas cantidades enormes de datos es encontrar patrones o correlaciones de datos. Con eso se busca adquirir una nueva percepción o mejor comprensión de las distintas operaciones o de las finanzas de la empresa. El objetivo final de estos "Análisis de Grandes Datos" es obtener todo el conocimiento que los datos le pueden proveer a una empresa.

Ese conocimiento obviamente respaldará el proceso decisional de la empresa. Pero también puede ayudar a:

- Crear una operación más eficiente.

- Identificar problemas rápidamente.

- Encontrar posibles nuevas oportunidades.

- Guiar la delineación de estrategias.

- Reducir costos.

- Mejorar el servicio a los clientes.

Antes de adquirir todo ese conocimiento, se requieren las herramientas para trabajar con esos volúmenes de datos. Pero para poder manejar, manipular y analizar estas cantidades masivas de datos de manera eficiente, se requieren nuevas tecnologías y destrezas. Estas tecnologías representan la evolución de los enfoques de almacenamiento de datos, inteligencia de negocio, procesamiento distribuido y otras técnicas adicionales de manejo de datos. Busca integrar virtualmente toda la información de un ente para poder realizar un análisis integral o proveer perspectivas integradas del mismo.

Un ejemplo de esas tecnologías es Apache Hadoop. Esta tecnología maneja tanto el almacenamiento de los datos como el procesamiento de los mismos. Ambas funciones operan bajo el concepto de procesamiento distribuido (en grupos de computadoras). De esa manera se mejora la eficiencia y la obtención de resultados. Una serie de tareas conocidas como "MapReduce" coordinan el procesamiento de los datos en distintos segmentos de los grupos de computadoras dedicadas al proceso. Subsiguientemente, los resultados se dividen en porciones más manejables que se presentan en forma de resumen.

Otro ejemplo es "Text Mining" o la explotación de documentos compuestos por texto con el propósito de derivar información de alta calidad. Se utilizan técnicas como el aprendizaje de patrones por medios estadísticos para identificar conceptos, patrones, tópicos, palabras claves y otros atributos de los datos.

Todos estos acontecimientos han creado un ambiente empresarial en el que la habilidad de entender y administrar datos está mejorando continuamente. Las organizaciones están comprendiendo que tanto la manera de almacenamiento como las metodologías de análisis previas no son efectivas ante la presencia de "Big Data".

Los gobiernos están comenzando a adoptar conceptos de "Big Data Analytics" para la automatización de sus sistemas. De igual manera, buscan proveer nuevas formas de servicio a los ciudadanos en la medida que más datos existen sobre las comunidades. La toma de decisiones de forma automatizada por medio de "Big Data Analytics" puede conducir a proveer un mejor servicio al cliente y a las organizaciones.

Los riesgos y oportunidades de maximizar "Big Data Analytics" para la toma de decisiones son de consideración. Es importante que exista confianza en los datos y algoritmos que se utilizan para tomar decisiones. Las preocupaciones de los individuos relacionados con la protección de datos deben ser atendidas de forma proactiva. Se deben establecer mecanismos de identificación y control que generen confianza en los involucrados.

La utilización de "Big Data Analytics" puede generar la eliminación de trabajos manuales, al igual que la creación de nuevas categorías de trabajo y oportunidades que no existen en la actualidad. El impacto disruptivo de esta disciplina descansará, en última instancia, en la calidad de la información que se extrae de los enormes bancos de datos y las nuevas perspectivas que se obtengan del mercado o del negocio como resultado.

Blockchain

"Blockchain" es, fundamentalmente, un registro de transacciones. Esas transacciones pueden representar el movimiento de dinero, de bienes o de información que requiere protección. Ese registro se mantiene como una base de datos. Esa base de datos reside en computadoras entrelazadas a través de una red.

El diseño del "blockchain" (o registro) tiene una característica muy interesante y útil. Le permite almacenar información de manera tal que, al día de hoy, es prácticamente imposible añadir, remover o cambiar los datos sin que cualquiera de esas acciones, sea detectada por otros usuarios del mismo sistema.

El "blockchain", en su esencia, hace dos cosas:

- Recopila, organiza y ordena datos en bloques. Los datos dentro del "blockchain" se guardan en "bloques". Cada bloque recoge datos relevantes de transacciones. Esos datos relevantes se guardan de forma cifrada e incorruptible en cada bloque.

- Encadena los datos de manera segura utilizando la criptografía. Esos bloques se "encadenan" con otros bloques, creando así la "cadena" de bloques (de ahí el nombre "blockchain"). Como cada transacción en cada bloque tiene su sello de tiempo, y el bloque en sí también tiene su sello de tiempo, los bloques se pueden ordenar cronológicamente, aun cuando distintos participantes en la red estén enviando sus bloques a la misma vez.

La clave para la seguridad del "blockchain" es algo conocido como la clave "hash" o algoritmo "hash". Se trata de la aplicación de la matemática criptográfica. Se utiliza la información en cada bloque para crear una secuencia única de caracteres que convierte al bloque en virtualmente inalterable. Esa secuencia de caracteres (basada en el bloque anterior) se le añade a los datos del próximo bloque. De esa manera, cuando el próximo bloque pasa por su propio proceso de "hash", se incorpora un rastro del "hash" del bloque anterior.

Si surge un intento de alterar un bloque creado previamente, el "hash" que está integrado al próximo bloque no pareará con el "hash" del bloque alterado. Y ese disloque continúa en todos los bloques subsiguientes. Por supuesto, eso genera un aviso de que se ha alterado la cadena.

Como todos los participantes tienen copia de la totalidad del "blockchain", cualquiera de ellos puede detectar cualquier intento de alteración. De igual manera, cuando todas esas secuencias de caracteres parean a través de toda la cadena, todos saben que pueden confiar en su récord de transacciones.

Como pueden notar, el "blockchain" tiene varias características que le dan un grado de singularidad que a la vez lo hace una idea novel. A continuación, se resumen las características más significativas:

- Todos los servidores del "blockchain" tienen una copia del registro. Cada transacción y su valor está visible a cualquiera con acceso al sistema. Esa copia incluye, como parte integral, el historial del registro.

- Las comunicaciones entre las partes se llevan a cabo punto a punto. Cada parte, que se conoce como un "nodo", almacena y retransmite la información, utilizando la red distribuida de computadoras, a todos los otros nodos.

- Todos los participantes en la red (los "nodos") se comunican directamente. No hay terceros involucrados en esa comunicación. Tampoco hay una "autoridad central" que "controle" o "manipule" el registro.

- El "blockchain" utiliza tecnología de criptografía para lograr que nadie pueda intervenir con el registro sin ser detectado.

- El registro (el "blockchain") solamente permite añadir y leer transacciones. Esas transacciones se pueden añadir únicamente en orden secuencial cronológico. Una vez registrada la información, ésta no se puede cambiar. Cada transacción está integrada en la cadena de transacciones. Existen varios algoritmos para garantizar la integridad de las transacciones. Entre esos algoritmos, se incluye un algoritmo que refleja, de manera inconfundible, si existiese algún cambio en una transacción previa.

- Cuando se añade un nuevo récord al registro, se valida contra criterios estrictos que se definen en el protocolo del "blockchain". Las transacciones se añaden solamente cuando se ha logrado un consenso entre los "nodos" de la red.

La primera aplicación en popularizar "blockchain" fue la criptomoneda Bitcoin. Por eso es que algunos ven a ambas tecnologías como una sola, aunque esa no es la realidad. El "blockchain" provee la infraestructura para el almacenaje de información transaccional de cualquier tipo. Bitcoin y otras criptomonedas utilizan esa infraestructura para proveer la seguridad que esa tecnología incorpora. Es una manera de asegurar que las transacciones con las criptomonedas no se falsifiquen.

Aunque algunas personas establecen que el "blockchain" no es seguro, este alegato con frecuencia nace de la falta de información. Como ya se estableció, "blockchain" es seguro debido a sus mecanismos para generar los bloques y almacenar los datos de forma cifrada. Los problemas de seguridad que se le adjudican a "blockchain" no son realmente de "blockchain". Esos problemas han surgido de algunas de sus implantaciones (específicamente en el campo de las criptomonedas), donde la aplicación final que hace uso de los datos que almacena "blockchain" tiene sus fallas de seguridad.

La tecnología "blockchain" se puede ver desde una perspectiva de negocios, legal y técnica:

- Desde una perspectiva de negocios, "blockchain" es una red de intercambio que facilita la transferencia de valor, activos u otros tipos de recursos, entre participantes dispuestos y que estén en mutuo acuerdo. Le garantiza la privacidad y el control de los datos a las partes interesadas.

- Desde una perspectiva legal, las transacciones de los registros de "blockchain" son transacciones válidas e indiscutibles, que no requieren intermediarios u otros terceros.

- Desde una perspectiva técnica, "blockchain" es un registro replicado y distribuido de transacciones que hace referencia a otros almacenes de datos. La criptografía se utiliza para garantizar que los participantes de la red vean solo las partes del registro que son relevantes para ellos, y que las transacciones sean seguras, validadas y verificables.

Lo importante a entender, desde la perspectiva del concepto de disrupción, es que "blockchain" tiene el potencial de convertirse en un sistema excelente para el registro de transacciones o protección de información.

Pero tiene sus problemas. Las versiones iniciales del "blockchain" son ineficientes por la dificultad de la matemática, el consumo de tiempo y el desperdicio de recursos. Por las mismas razones, utilizar esta tecnología a escalas que se ajustan a necesidades comerciales es prácticamente imposible. Además, en el mundo comercial existen transacciones que pueden involucrar a múltiples entes, no todas de las cuales deben o pueden conocer los detalles de una transacción (como, por ejemplo, acuerdos confidenciales de precios especiales entre dos participantes de la red). Estas y otras limitaciones convertirán las versiones iniciales del "blockchain", al menos en el mundo comercial, en el equivalente del modelo Edsel de la Ford (¿quién se acuerda de eso?).

Sin embargo, existe una nueva generación de tecnología que se encuentra en desarrollo a la fecha de escribir este libro. Esa tecnología toma lo mejor de "blockchain", a la vez que resuelve y elimina las limitaciones de las versiones iniciales. Esta generación del "blockchain" se conoce como "Distributed Ledger Technology" ("DLT" por sus siglas en inglés) o "Tecnología de Registro Transaccional Distribuido".

Uno de los líderes (a la fecha de publicación) en la tecnología DLT es la Fundacion Linux y su proyecto de "Hyperledger". Empresas como IBM están respaldando este proyecto. La Fundación Linux es una entidad sin fines de lucro. Actúa como facilitadora y como repositorio de información, pero no es dueña de la programación. La programación está disponible de manera gratuita.

Bajo la tecnología DLT, sólo participan las entidades autorizadas para ello. El ecosistema que crea sigue siendo distribuido, rápido y poco costoso, pero no todos pueden participar. Se requiere ser admitido al ecosistema, un proceso análogo al de unirse a un club. Existen protocolos para poder unirse al "club" y para efectuar transacciones una vez se une. La consecuencia, en resumen, es que la tecnología DLT ofrece "lo mejor de los dos mundos" en cuanto a las eficiencias inherentes a las transacciones en el "blockchain" y en cuanto a la generación de confianza entre las contrapartes.

Las implicaciones posibles del desarrollo de la tecnología DLT pueden anticiparse a todo nivel. La capacidad de llegar a acuerdos y administrarlos sin intervenciones de terceros abre puertas a una multiplicidad de posibilidades. Eso convierte el potencial disruptivo de DLT en uno enorme.

Toda empresa debe estar investigando esta tecnología para entender sus implicaciones. Un buen punto de partida es el proyecto "Hyperledger" de la Fundación Linux. Otro buen punto de partida es investigar las empresas que han contribuido al desarrollo del proyecto. El futuro apunta en esta dirección. En la medida en que la tecnología DLT se adapte a distintas circunstancias y se adopte como mecanismo estándar, es muy probable que la economía y la administración de acuerdos comerciales enfrente un cambio radical.

Criptomoneda

Criptomoneda es una moneda virtual cifrada. La más reconocida (y la más popular) es "Bitcoin", cuyas especificaciones y "prueba de concepto" fueron publicadas en el 2009. Esta fecha se considera su "fecha de creación".

En su esencia, las criptomonedas, también conocidas como criptodivisa, son un sistema de pago acompañado de una moneda completamente digital. Al ser digital, son intangibles. Esa es una característica que comparten con las tarjetas de crédito o las transacciones bancarias electrónicas.

Como moneda intangible, existe únicamente como una "entrada" (una transacción digital) que se registra en una aplicación que puede residir en su computadora o en su teléfono inteligente. Con esa aplicación, usted puede enviar pagos o puede recibirlos.

La autenticidad de todas estas transacciones se protege mediante el uso de un registro conocido como el "blockchain" (ver descripción anterior) y con firmas digitales correspondientes a las "direcciones de envío". Esas firmas digitales le permiten a cada usuario ejercer el control sobre el envío de criptomonedas de sus direcciones.

El "valor" de las criptomonedas depende única y exclusivamente de la disponibilidad que tengan los usuarios de las mismas de aceptarlas como medio de intercambio. Las criptomonedas no tienen valor intrínseco alguno. Hay ciertos negocios que la están aceptando porque las consideran un mecanismo de pago conveniente.

De cierta manera, se puede decir que, en esta época de dinero fiduciario, el surgimiento de criptomonedas es apropiado. La realidad es que lo que se considera moneda "formal" o "verdadera" hoy es dinero por decreto gubernamental, lo que se denomina moneda fiduciaria; es decir, dinero sin valor intrínseco. Por ejemplo, el dólar americano, o el euro de la comunidad europea, o el peso mejicano, o la libra en Inglaterra son moneda fiduciaria. No están respaldadas por ningún bien material. Los respectivos gobiernos han decretado que los papeles impresos con las denominaciones correspondientes deben utilizarse y aceptarse como medio de intercambio de bienes.

En el caso de las criptomonedas, la aceptación no está decretada por autoridad central alguna. La aceptación nace del común acuerdo entre sus usuarios de aceptarlas por los beneficios que representan como medio de pago. Entre estos beneficios están:

- La disminución de riesgo para el comerciante. Las transacciones son seguras, irreversibles y permanentemente registradas.

- Mayor libertad de pago. Las transacciones con criptomonedas no dependen de días laborables, de fronteras o de una burocracia intermedia. El usuario tiene control total de su moneda y puede efectuar su transacción en cualquier momento.

Avances Tecnológicos Que Facilitan La Disrupción

- Transparencia total. Toda la información referente a las transacciones está disponible en el "registro distribuido" conocido como "blockchain". La criptografía y el "encadenamiento" de los "bloques" impide la manipulación o alteración de esas transacciones.

Obviamente, como en toda situación que nace del común acuerdo, el grado de aceptación de las criptomonedas puede variar de lugar en lugar. Al momento de publicación, el conjunto de negocios que aceptan la criptomoneda es uno limitado. En la medida en que aumente la confianza en las criptomonedas como mecanismo de pago, puede que aumente la cantidad de negocios que manejen transacciones con criptomonedas.

Sin embargo, las criptomonedas han tenido sus "alzas y bajas". Por ejemplo, Bitcoin (BTC) ha tenido fluctuaciones enormes en su precio. Eso dificulta su aceptación como medio de pago. En diciembre del 2017 el precio de 1 BTC llegó a US$19,783. En mayo del 2019, el precio de ese mismo BTC llegó a rondar en los US$7,884.

Ese tipo de fluctuación en precio recuerda la "tulipomanía" (o la crisis de los tulipanes) en los "países bajos" de Europa en el siglo XVII. En esa ocasión, los precios de los bulbos de tulipán alcanzaron niveles exorbitantes.

El rol de cualquier moneda es medir. La moneda crea valor, precisamente porque mide el valor. Y esa medición debe ser consistente y estable. Eso asegura que la medición se considere válida. Si nos dicen que el producto "X" cuesta $10 (dólares US) o si nos dicen que vale €8 (euros), no queremos regresar al día siguiente a comprarlo y encontrar que cuesta $20 ó €16. De igual manera, si lo compramos inicialmente por esos $10 o €8, no queremos enterarnos que al día siguiente está disponible por $5 ó €4.

Bitcoin no ofrece esa consistencia y estabilidad. El precio de

Bitcoin fluctúa con la demanda. Pero si va a fungir como dinero... como algo que mide valor, no puede fluctuar con la demanda. Tiene que ser como la pulgada... o como el metro... o el segundo... que no cambian de valor con la demanda.

Se ha utilizado el ejemplo de Bitcoin porque, de las criptomonedas, es la más popular y la más aceptada. Existen otras ramificaciones de esta discusión que trascienden el alcance de este libro. Se presentan las criptomonedas como algo con potencial disruptivo. Se reconoce que con el pasar del tiempo, la tecnología evoluciona. Los dirigentes de toda empresa que mantiene una postura proactiva deben mantenerse informados de nuevos desarrollos en esta disciplina. Los retos potenciales de la misma, al igual que las oportunidades potenciales, tienen una capacidad disruptiva que debe tenerse en cuenta.

Tecnología De Redes

Las redes telefónicas originales fueron diseñadas para transmitir la voz humana. Ese era el límite de su capacidad. Con el advenimiento de la era digital, surgió el concepto de telecomunicaciones. Ese concepto incluye la transmisión de voz, datos, imágenes y video por vías alámbricas (incluyendo nuevas tecnologías "alámbricas" como fibra óptica) e inalámbricas.

El proceso evolutivo gradual desde las primeras redes a lo que existe hoy día no se puede cubrir aquí, ya que eso es un tema que se sale del alcance del libro. No obstante, un repaso somero, cubriendo los períodos más recientes, provee perspectiva. Además, permite ver el rol de la tecnología de redes en el desarrollo de otras tecnologías. Similarmente, permite entender el potencial disruptivo de adelantos en esa disciplina. Para acortar significativamente el resumen histórico, se empieza con la tecnología celular.

La red de comunicación móvil de primera generación, conocida como 1G, se inició en Japón en el 1979. Era tecnología analógica con capacidad exclusivamente para la transmisión de voz.

El segundo paso evolutivo (2G) movió la tecnología al campo digital. También introdujo, entre otros servicios, el "roaming" internacional, permitiendo el movimiento de un usuario de un lugar a otro. Este paso tuvo una modificación (2.5G) que, entre otras cosas, introdujo la conmutación de paquetes para la transferencia de datos. También introdujo nuevos servicios como el acceso a correo electrónico y videoconferencia.

El tercer paso evolutivo (3G) siguió ampliando la capacidad de los teléfonos, con acceso a internet de alta velocidad, llamadas de video, televisión móvil y otros servicios, como la banca virtual.

El sistema móvil de cuarta generación (4G) sigue ampliando la gama de servicios disponibles. Estos incluyen TV móvil de alta definición, telefonía IP, computación en la nube, y servicios de juegos, entre otros.

Ya está en los inicios del proceso de adopción, la quinta generación de la red de comunicación (5G). El nuevo servicio fundamental que ofrece esta generación (5G) es la capacidad de tener personas y dispositivos conectados en cualquier lugar en cualquier momento. El efecto práctico de esto es convertir el mundo entero un una "zona Wi Fi". Sumado a esto está la capacidad de acceder a múltiples servicios paralelos. Por ejemplo, el sostener una conversación telefónica a la vez que se obtiene información climatológica mientras rastrea su posición geográfica, es una posibilidad.

Estas y otras funcionalidades que ofrece la red de comunicaciones de quinta generación amplían lo que se conoce como la "computación de bolsillo". El progreso en la miniaturización, el incremento en su poder computacional y la accesibilidad de los teléfonos inteligentes, hace mayor su adopción y uso. De esa manera, la red de comunicación 5G se convierte en otra tecnología habilitadora de procesos de disrupción.

Computación De Bolsillo

La computación de bolsillo se refiere a la capacidad de tener "en el bolsillo" el poder computacional que se encuentra en las computadoras de escritorio. La idea no es nueva. Algunos estudiosos de la informática han escrito sobre el concepto por lo menos desde el 1989. Los primeros esfuerzos hacia el logro del objetivo se llamaron por varios nombres. "Palmtops" (dispositivos que cabían en la palma de la mano), "Handhelds" (dispositivos que se podían aguantar con una mano), y "PDAs" (las siglas en inglés de "Personal Digital Assistant" o "Asistente Digital Personal") eran algunas de las designaciones que se les daban a estos dispositivos.

Estas "pequeñas computadoras" tuvieron distintos grados de éxito. Pero los "teléfonos inteligentes" las fueron suplantando. La evolución de los teléfonos inteligentes, conjuntamente con la evolución de las redes de teléfono y la miniaturización de componentes, los fueron convirtiendo en aparatos cada vez más poderosos. A la misma vez, la introducción y evolución de las tabletas, que empezaron como plataformas para presentar contenido, fue creando un "camino alterno" para proveerle más y más poder computacional a la persona.

Con el desarrollo de aplicaciones ("Apps", como se les llama en inglés) para ejecutar distintas tareas (desde localizar amigos y comunicarse hasta depositar un cheque en su cuenta bancaria sin salir de su casa), ese poder computacional se hizo más presente. Estas aplicaciones tienden a ser unifuncionales. Su apelativo consiste en ofrecerle a la persona la capacidad de llevar a cabo una función que le es útil. También se han transportado aplicaciones de uso general a estas plataformas. Se destacan: Microsoft Office (especialmente los componentes de Word, Excel, y PowerPoint) y las aplicaciones que manejan calendarios, correos electrónicos y contactos. Sin embargo, esas aplicaciones se utilizan primordialmente para asuntos personales. Su utilización para asuntos de negocio tiende a ser menos común.

Hoy día, el adelanto en varios campos, algunos de los cuales se discuten en este capítulo (incrementos en la capacidad de la red de telecomunicaciones, almacenamiento en la nube, computación en la nube, etc.) han convertido a los teléfonos y a las tabletas en herramientas poderosas y compactas. Sin embargo, tareas computacionales más extensas relacionadas con negocios se tienden a manejar en computadoras personales o notebooks. Esas computadoras están ubicadas en oficinas o en hogares dependiendo de las políticas imperantes en la empresa.

Las razones para esto son bastante obvias. El manejo de teclados de pantalla de teléfonos y tabletas es funcional para mensajes cortos, pero crea obstáculos cuando se trata de comunicaciones más extensas. El tamaño de las pantallas en sí establece ciertos límites con relación a la cantidad de texto que puede verse y leerse cómodamente. El poder de los procesadores de los dispositivos pequeños y portátiles no puede manejar efectivamente aplicaciones que imponen unos requerimientos computacionales altos.

Para compensar por estas limitaciones, se han tomado dos caminos principales. Por un lado, se han creado aplicaciones de negocio para uso móvil cuya funcionalidad es más limitada. Estas aplicaciones proveen la capacidad de ejecutar ciertas operaciones básicas a cambio de movilidad. Por otro lado, otros han aprovechado adelantos en la miniaturización de componentes para crear computadoras cada vez más livianas y a la vez más poderosas. La serie "Yoga" de Lenovo y la serie "Surface" de Microsoft son dos ejemplos de esta tendencia.

Desde el punto de vista de disrupción, se pueden explorar las consecuencias potenciales de las tendencias existentes y la dirección que pueda tomar esta tecnología.

Hay dos líneas de desarrollo que pueden tener consecuencias disruptivas. Una realmente es un subconjunto de la otra.

La primera línea de desarrollo refleja la tendencia de miniaturización. En el 1971, Intel produjo el primer microprocesador comercial

(Intel 4004) que contaba con 2,300 transistores. Para el 2008, cuando se introdujo el procesador Intel Core i7, ya contaba con 731 millones de transistores. El procesador A11 de Apple, que se introdujo para fines del 2017, utilizado en el iPhoneX, contiene 4.3 mil millones de transistores. El procesador Kirin 970, utilizado en los últimos teléfonos de Huawei, cuenta con 5.5 mil millones transistores.

Las implicaciones que tiene ese proceso de miniaturización se ven reflejadas en funcionalidad y poder computacional de dispositivos que son cada vez más pequeños. Por ejemplo, los procesadores de Huawei van a ayudar en el manejo de funciones de inteligencia artificial. Procesadores de ese tipo – y aún más poderosos – habilitarán el manejo de la comunicación por redes 5G, harán accesibles imágenes de mayor definición en pantallas más grandes y proveerán la capacidad de manejar un nivel de funcionalidad equivalente a lo que se encuentra hoy en computadoras personales. Estos y otros adelantos abren la puerta a la verdadera "computación de bolsillo".

Con incrementos en la potencia computacional de dispositivos cada vez más pequeños, se puede ver ya una tendencia hacia la "compensación" por las desventajas de tamaño. Un ejemplo es el "Gemini", producido por Planet Computing. Gemini incorpora un teclado en una plataforma más grande. Su diseño refleja la visión de los PDA que se hicieron populares en el pasado. Sin embargo, aún tiene ciertas desventajas de peso y funcionalidad que no permiten clasificar al dispositivo como un ejemplo de la nueva "computación de bolsillo".

Por lo visto, la dirección que podría tomar esta tendencia tiene que ver con la integración de módulos. Un ejemplo de esto sería el tratar el "dispositivo computacional" (ya sea "teléfono poderoso evolucionado" o como se llame) como la unidad central. Ese dispositivo computacional principal se conectaría a un concentrador inalámbrico ("wireless hub") o alámbrico que le permitiría utilizar una pantalla de mayor tamaño, un teclado estándar, sistemas masivos de almacenaje y otros dispositivos característicos de lo que hoy se llama la PC personal.

Con procesadores adecuados, accesorios periféricos de tamaño apropiado, y una capacidad de comunicación a nivel de 5G, se lograría el objetivo de una "computadora de bolsillo". Esta sería capaz de manejar asuntos tanto personales como comerciales con solamente un dispositivo. Esto podría tener consecuencias disruptivas. Sin embargo, hay potencial disruptivo en una extensión más dramática del concepto de miniaturización.

Para entender esa nueva tendencia se tiene que dar un paso atrás nuevamente, observar cómo es que la tecnología ha causado una evolución en los equipos, la maquinaria y los dispositivos que se utilizan a diario. Se toma el ejemplo del teléfono. La generación de los "Baby Boomers" vio su migración evolutiva. Originalmente, se trataba de un aparato pesado e incómodo. Estaba conectado a la pared, atado al hogar por un cable. Requería de un proceso lento de discado para lograr la comunicación por voz con otro aparato equivalente. Y la comunicación ocurría, si no salía una señal de ocupado.

Hoy día, el teléfono es un dispositivo liviano, que se lleva a cualquier lugar. Si bien es cierto que permite la comunicación con voz, también es cierto que habilita muchas modalidades de comunicación. Permite comunicación por texto. Permite comunicación con el internet. Permite comunicación con bancos de datos. Pero también permite el almacenaje de datos... y de archivos de música, que se puede escuchar con el mismo dispositivo. Así que el aparato incomodo con una función evoluciono a uno liviano y fácilmente transportable con múltiples funciones.

Otro ejemplo del proceso evolutivo es la tecnología de altavoces de estéreo. Originalmente, se trataba de unos cajones enormes con conexión alámbrica al amplificador. Con el tiempo, pasaron a ser audífonos que se podían conectar a la toma de audio. Pesaban un poco en la cabeza y eran incómodos, pero aislaban otros sonidos.

Con la capacidad de escuchar música en dispositivos móviles, llegaron los auriculares. Las versiones originales distorsionaban el sonido, pero la tecnología se encargó de corregir eso. Ahora son inalámbrico y pueden ser tan pequeños que ni se notan en el oído. A los que no les gusta tener cosas en el oído, tienen la opción de escoger audífonos que operan por conducción ósea.

El punto es que cada vez más se presenta la miniaturización y mayor integración con el cuerpo humano. Y eso lleva a lo que puede ser la próxima ola de computación "personal". Ya no se trata de la comodidad del bolsillo. Se trata de la integración del computador con el humano.

En el 2013, en la Universidad de Washington, investigadores lograron enviar una señal cerebral de una persona a través del internet. Cuando la señal llegó a su destino, causó que otra persona moviera su mano y llevara a cabo una tarea, que, en este caso, consistía de oprimir un botón.

La primera persona estaba jugando un juego computadorizado, pero no físicamente. Solamente utilizaba su mente para procesar lo que veía en pantalla y tomar decisiones. Un segundo "jugador", en una localidad distante, tenía el equipo de interface con el juego. El propósito del experimento era ver si las acciones necesarias para el juego, identificadas mentalmente, podían transmitirse al sistema nervioso del otro sujeto para que tomara acción. En un momento dado, el juego requería que el jugador mental tomara una decisión referente a cuándo disparar. Cuando vio la oportunidad y tomó la decisión, se envió su mensaje cerebral. El mensaje se transmitió por internet y le llegó al otro investigador que era el receptor al otro lado de la conexión. Cuando al segundo le llegó el mensaje, el dedo de la mano de este investigador se movió involuntariamente y oprimió el botón de "disparar".

Lo que parece un juego de niños representó lo que ellos llaman el primer caso de comunicación de cerebro a cerebro entre humanos. ¿Por qué hacen esto? Porque están buscando la manera de

Avances Tecnológicos Que Facilitan La Disrupción

mover conocimiento del cerebro de una persona y transportarlo directamente al cerebro de otra. Parece ciencia ficción, pero no lo es.

Pero los eventos no se detienen ahí.

En 2017, la empresa Three Square Market, una compañía de tecnología en Wisconsin, les ofreció a sus empleados la opción de inyectarles un chip de computadoras en la mano. El chip tiene el tamaño de un grano de arroz y se inserta entre el dedo pulgar y el dedo índice. Una vez insertado, la persona puede efectuar cualquier tarea que utiliza la tecnología RFID – pagar la comida en la cafetería y abrir la puerta de entrada a su lugar de trabajo son dos ejemplos.

La idea no es nueva. En el 1998, el científico británico Kevin Warwick se implantó un transmisor RFID para probar el concepto. Quería demostrar que se podían controlar puertas, luces y otros aparatos con el mero acto de acercarse a ellos. Para el año 2000, Warwick pudo conectar su implante a su propio sistema nervioso. Eso le permitió controlar un brazo mecánico remotamente.

Para el año 2004, la Administración de Drogas y Alimentos (FDA, por sus siglas en inglés) había aprobado la utilización de VeriChip, un chip para implante manufacturado por Applied Digital Solutions, para propósitos médicos.

Hoy día, los chips para implantes están disponibles comercialmente. Miden unos 2mm x 12mm (o más) y vienen en varias modalidades con distinta funcionalidad. Entre las funciones se encuentran el control de acceso, el almacenamiento de datos, aplicaciones que permiten la transferencia inalámbrica de datos (tecnología NFC) y otras.

Pero esta no es la única vía de desarrollo. En la medida en que se continúa la tendencia de miniaturización, se multiplican las posibilidades. Un ejemplo de esto son los implantes de cóclea (estructura en forma de tubo enrollado en espiral situada en el oído interno).

Estos implantes constan de procesadores externos que se mantienen sobre el implante con imanes. El procesador le transfiere las señales de audio al implante. Esas señales se transmiten, a su vez, a unos electrodos que se insertan quirúrgicamente en la cóclea. Como esos implantes circunvalan la parte de la cóclea que no funciona, estimulan las fibras nerviosas para reproducir sonido.

No se requiere mucha imaginación para ver la dirección que puede tomar esta tecnología con la miniaturización.

Otra posibilidad está en el área de mejorar la visión humana añadiendo información externa adicional. Esto también puede parecer ciencia ficción, pero no lo es. El producto conocido como ᵉmacula® logra lo que Google Glasses® no pudo. Utilizando unas gafas de sol polarizadas y unos lentes de contacto especiales, se logra la superposición de imágenes digitales sobre la visión normal, creando una imagen integrada. Desde el punto de vista visual, representa la fusión del mundo digital con el mundo real. Las implicaciones de esta tecnología van desde la sala quirúrgica hasta los campos de batalla. Al momento de publicación, el producto ya ha iniciado el proceso de aprobación reglamentaria.

¿Qué mensaje tienen estos ejemplos? El mensaje es sencillo. Primero que nada, lo que se ha mencionado son ejemplos. No son la totalidad de las direcciones en que se está llevando el concepto de miniaturización.

En segunda instancia, debe quedar claro que el proceso de miniaturización no se va a limitar al bolsillo. Las iniciativas que se ven en el mercado van dirigidas a integrar el poder de la computación con la capacidad inherente del ser humano. El tema explorado por años en libros de ciencia ficción se está convirtiendo en realidad. Puede que la definición del término "computadora personal" tenga una evolución. Demás está decir que el potencial disruptivo de esa integración computador-humano es extremo.

Se podría argumentar – y algunos ya lo han hecho – que los humanos cuyas facultades se han reforzado o incrementado o, inclusive, hasta ampliadas por la implantación de dispositivos computadorizados representan una "nueva especie". Regresando al ejemplo de Warwick, ya en el año 2000, él pudo conectar su implante a su sistema nervioso. Como consecuencia, logró controlar un brazo mecánico remotamente. Eso es una capacidad que no tienen la gran mayoría de los humanos. Pero las investigaciones de Warwick ni se detuvieron en el año 2000 ni han terminado.

Entre sus actividades más recientes se incluyen:

- Un proyecto colaborativo con un cirujano de Oxford que busca utilizar inteligencia artificial para predecir el inicio de temblores de Parkinson que puedan ser detenidos por un implante cerebral.
- La generación de una red neuronal (utilizando neuronas biológicas) que fue adiestrada para que controlara, exitosamente, una plataforma robótica móvil.

Estas y otras iniciativas son producto de otras tecnologías que se han mencionado. La preocupación con los adelantos en la inteligencia artificial es una. Esos adelantos han llevado a algunos al punto de buscar maneras de incrementar las facultades humanas. Pero – nuevamente – ¿hasta qué punto nos convertirá eso en una "nueva especie"? ¿Y con habilidades y facultades que ahora ni se imaginan?

Se empezó este tema hablando de la computación de bolsillo. Se termina el tema discutiendo la extensión lógica y más extrema de esa tendencia. En este momento las posibilidades parecen inconmensurables. De lo que no hay duda es que el potencial disruptivo de este movimiento tecnológico exigirá, no sólo la discusión de las implicaciones comerciales de estos adelantos, sino también la discusión de las implicaciones morales y éticas.

Drones Voladores

El dron volador, o vehículo aéreo no tripulado, es un artefacto aéreo que se maneja por una persona con un control remoto. También puede ser controlado por programas de computadora, o a través de aplicaciones en un teléfono inteligente o en computadoras. El manejo de los drones depende de la comunicación entre éste y su unidad de control. Esa comunicación puede ser por frecuencias de radio transmitidas por estaciones terrestres o satelitales.

Algunos consideran a los drones voladores como parte de los desarrollos en el campo de la robótica (que se discute más adelante). No obstante, se ha optado por tratarlos como tema aparte dado el hecho que ya se están probando como componentes disruptivos de un sistema de distribución.

El primer uso de los drones fue en el ámbito militar. Subsiguientemente, la tecnología pasó al sector civil, donde se popularizó para ciertos usos. Los usos más comunes para los drones voladores incluyen:

- **Fotografía**: uno de los primeros usos. Consiste en equipar el dron con equipo fotográfico operado remotamente. En su inicio, se utilizó por profesionales, dado el costo y complejidad del equipo. Adelantos en la tecnología y disminución de costo de los componentes también popularizó este uso entre aficionados. Los drones empezaron como plataformas únicas para la toma de fotografías. Ahora son capaces de tomar videos de alta definición altamente estabilizados mientras se mantienen en movimiento por rutas complejas.
- **Monitoreo de autopistas**: combinando los drones con la tecnología de toma de videos de alta definición, e incrementando su capacidad con el uso de cámaras fijas y monitoreo remoto, se mantiene una vigilancia sobre las condiciones de las autopistas.

- **Exploración e identificación de sustancias tóxicas**: en este caso se equipa al dron con sensores capaces de detectar desde radiación hasta químicos, dependiendo de dónde y para qué se está utilizando.

- **Operaciones de rescate**: los drones pueden operar de día o de noche (con sensores infrarrojos) con el propósito de localizar a personas que se encuentran en tierra o mar, y guiar a los equipos de respuesta al lugar.

- **Entrega de paquetes**: a la fecha de publicación, Amazon está experimentando con la posibilidad de enviar órdenes con mercancía que pese menos de 5 libras directamente al lugar de entrega. La localización de la entrega debe estar dentro de un radio de 10 millas de los almacenes de Amazon. Su intención es transformar el proceso de entrega y reducir la cantidad de vehículos destinados a ese propósito.

La evolución de la inteligencia artificial aplicada a los drones tendrá el efecto de añadir capacidad y potencial a esta tecnología. De igual manera, mejoras en la eficiencia de los motores eléctricos e incrementos en la capacidad de baterías, deben contribuir a la efectividad de éstos como plataforma para distintos equipos. La utilidad de los drones para contribuir al logro de cambios disruptivos no debe ser ignorada. Nuevamente, la creatividad puede ser el factor que motive la generación de un salto conceptual.

Impacto De Internet: El Internet De Las Cosas

El internet de las cosas (IoT, por sus siglas en inglés) es una red que interconecta objetos físicos valiéndose de internet. La red se compone de dispositivos de computación interrelacionados. Esos dispositivos, o "cosas", pueden ser máquinas mecánicas y digitales, objetos, animales o personas. Cada una posee un identificador único y la capacidad de transferir datos a través de una red. Esa transferencia de datos y la ejecución de procesos de los dispositivos

IoT no requiere de interacciones humano-a-humano, o humano-a-computadora. Estos dispositivos son también llamados nodos IoT, dispositivos IoT o dispositivos inteligentes.

Un dispositivo del internet de las cosas cumple con una o más de las siguientes funciones:

- Monitoreo: puede reconocer lo que ocurre a su alrededor. Por ejemplo, detecta temperatura, velocidad, altitud, movimiento o cambios en cualesquiera de estas, o cualquier otro evento.

- Control: a partir del monitoreo, toma alguna acción, como, por ejemplo, abrir o cerrar una puerta, encender o apagar un equipo, enviar o recuperar cierta información.

- Optimización: a partir del monitoreo y el análisis de la información recopilada, determina utilizar los recursos cuando sea requerido.

- Automatización: facilitar y programar actividades que son rutinarias. El internet de las cosas se compone de una red de objetos físicos. Esos objetos contienen tecnología integrada. Esa tecnología les permite comunicarse, detectar o interaccionar con su ambiente, ya sea interno o externo. Con su identificador único, se conectan a la red. También transmiten y reciben comandos. La conexión a la red de internet puede ser inalámbrica, vía cableado, vía wifi o inalámbrica utilizando tecnología celular.

Hay varios beneficios que se pueden derivar del uso de la tecnología IoT. A nivel empresarial, los beneficios pueden incluir: mejoras en la productividad de empleados, monitoria de procesos de negocio, incrementos en eficiencia, identificación rápida y efectiva de problemas con líneas de proceso o con equipos. Estos beneficios pueden conducir al ahorro de dinero o al ahorro de tiempo. Y todos pueden traducirse en incrementos en ingreso o reducción de gastos. Nuevamente, la creatividad en la aplicación de la tecnología es lo que va a determinar su valor para la empresa.

Varios factores contribuyen a la adopción cada vez mayor de IoT:

- Adelantos en la capacidad de las redes de comunicación (véase 5G en Tecnología de Redes, previamente en este capítulo).

- Progreso en el campo de inteligencia artificial.

- Aumentos en la capacidad computacional de los microprocesadores, particularmente los dedicados a funciones especificas

- Disminución en los precios de los componentes (sensores, servomecanismos, etc.)

De hecho, una empresa del calibre de Gartner, Inc. – dedicada a la investigación y consultoría en el campo de la informática, finanzas, mercadeo y otros – ha estimado que para el 2020, la cantidad de "cosas" interconectadas excederá los 20 mil millones. Otros peritos e investigadores han estimado cantidades mínimas aún mayores.

Ese futuro dominado por todas estas "cosas" que componen el IoT no viene libre de costo. Una de las preocupaciones grandes con el IoT es la seguridad. Los dispositivos que se integran al IoT, son diversos. Desde "routers" hasta cámaras de seguridad, estas "cosas" con frecuencia integran una versión sencilla del sistema operativo conocido como Linux. Igualmente, estos dispositivos no tienen la capacidad de acceder a programación que pueda corregir fallas en la seguridad de su sistema operativo según se encuentren (conocido como "remote patching", en inglés).

Para colmo, muchos usuarios no perciben estas cosas como

"computadoras", por lo tanto, las instalan "tal y como salen de su empaque" ... sin modificaciones. Eso significa que las instalan sin cambiarle la contraseña predeterminada, si es que la tiene.

Estos hechos tienen una clara implicación. El IoT es vulnerable a la explotación maliciosa. Programas como Mirai (que, irónicamente, significa "el futuro" en japonés), que se encuentra en el dominio público, están diseñados para explotar las vulnerabilidades de estas "cosas". La efectividad de estos ataques quedó demostrada en octubre del 2016 cuando gran parte del internet en la costa este de Estados Unidos quedó inaccesible.

En ese caso, el ataque fue uno de denegación de servicio. Pero ataques futuros pueden buscar acceder la información personal que, a veces, estos dispositivos contienen. La vulnerabilidad desde el punto de vista de seguridad, entonces se convierte en una preocupación de privacidad.

Se puede resumir indicando que el IoT presenta un potencial disruptivo significativo. La transformación de procesos de manufactura o servicio puede hacerse viable con la aplicación creativa del IoT. No obstante, las preocupaciones de seguridad y de privacidad no pueden ignorarse. El éxito será resultado de la capacidad de establecer un balance entre la utilización de manera innovadora de la tecnología y la mitigación de los riesgos inherentes a la misma.

Impacto De La Presencia Digital En El Internet

La "presencia digital" en el internet se refiere a la existencia de un individuo o negocio que puede ser detectada o encontrada mediante una búsqueda en línea. Esa presencia puede ser directa o indirecta. Por ejemplo, una persona que es miembro de una asociación que tiene un directorio de miembros en línea tiene una presencia indirecta. Una empresa (o persona) con una página web tiene una presencia directa.

Con el pasar del tiempo, la cantidad de personas y empresas con una presencia digital se ha incrementado. Esa presencia se manifiesta de distintas maneras, entre ellas:

- Creación de páginas web y generación de contenido.
- Uso de correo electrónico ("e-mail").
- Participación en foros en línea.
- Participación en distintas redes sociales.
- Creación y participación en "blogs".
- Iniciación de esfuerzos de mercadeo.
- Generación de anuncios de venta.

Para las personas, los medios sociales representan el medio más popular para lograr una presencia digital. Las razones son múltiples y cada persona tiene su conjunto de razones. A continuación, algunas de las más comunes:

- En primera instancia, está la disponibilidad. Los medios sociales se ubican en una plataforma existente: el internet.
- En segunda instancia, está la variedad. La naturaleza del contenido depende de los distintos insumos individuales. Esos insumos son cambiantes y estimulan las visitas repetidas.
- En tercera instancia, están las relaciones que se establecen. Esas relaciones pueden ser personales, distantes, o basadas en una mentira, Sin embargo, les permiten a las personas interactuar cómodamente.
- En cuarta instancia, están las "conversaciones" a tiempo real que se pueden llevar a cabo. Este componente "humaniza" a los medios sociales y forman parte de su atractivo.

Entre las redes sociales más frecuentemente utilizadas, se encuentran Facebook, Twitter, YouTube, MySpace, Instagram,

Pinterest y LinkedIn.

Las interacciones digitales en estas y otras redes, al igual que en otras modalidades de presencia digital, dejan rastros. Esos rastros contienen información que de una u otra manera identifican al originador. También contiene características que lo "definen" en cuanto a hábitos, distintos aspectos de su personalidad, ubicación geográfica, costumbres de compra, y demás. Esa información tiene un valor y se recopila de manera consistente y sistemática.

Ese es el valor que las personas con presencia en la web "pagan" por acceso a servicios que se ofrecen de manera "gratuita". Si una persona participa en cualquier red social que le permite la entrada "gratis", la persona "paga" con la información que le hará disponible a los que la recogen con su uso. Si la persona utiliza correo electrónico o búsqueda de información por el internet "sin costo", también "paga" de la misma manera. Su información es su "moneda".

El valor que tiene esa información consiste en la utilidad que tiene para completar el "perfil" del usuario particular. Con cada interacción, se pule y se hace más preciso ese perfil. Utilizando las técnicas de "Big Data Analytics" descritas previamente, se puede establecer un cuadro claro de los gustos y las preferencias de cada usuario. Las preferencias pueden ser de compra, de causas sociales, políticas... en fin, de cualquier tema o área de interés para el usuario. Esa información se utiliza subsiguientemente para canalizar anuncios acoplados a esos gustos y preferencias. El ingreso proveniente de esos "anuncios canalizados" es lo que paga la infraestructura que se monta para dar esos servicios "sin costo".

Muchas empresas han adoptado ese modelo de negocio, el de servicios "gratuitos" a cambio de información. Hasta la fecha, ha sido exitoso. Sin embargo, los crecientes incidentes relacionados con seguridad y la consiguiente pérdida de información personal, está causando cierta consternación entre los usuarios de distintas redes sociales y otros servicios. Ya no son pocas las personas que dicen, como ejemplo: "Yo cerré mi cuenta de Facebook".

Las preocupaciones sobre seguridad y sobre la disminución en la privacidad han dado lugar a un creciente deseo de proteger la información personal. Esto se ha incrementado después del escándalo de Facebook y Cambridge Analytica. A la misma vez, más y más usuarios se dan cuenta que las plataformas sociales clásicas no tienen otro valor que el contenido que los propios usuarios le dan. El resultado ha sido el inicio de nuevas plataformas sociales basadas en el "blockchain" (explicado previamente).

Hay que reconocer que los primeros intentos en esta dirección pueden tener sus limitaciones. Pero el proceso de desarrollo e implantación ya se ha iniciado.

Plataformas como Sapien se enfocan en la diseminación de noticias, buscando veracidad y confiabilidad. Sapien se fundamenta en el "blockchain" de Etherium.

En cambio, Steemit se presenta como una plataforma donde se puede monetizar contenido y crear y crecer una comunidad. Su base es el "blockchain" de Steem.

Sola, que dice tener unos 700,000 usuarios mundialmente, se presenta como una red social y de medios que aplica algoritmos de inteligencia artificial para distribuirle información a los usuarios más interesados. La plataforma utiliza una moneda virtual que no adquiere valor hasta que alguien endose o genere un comentario sobre algún contenido.

Indorse es una plataforma descentralizada que se parece a LinkedIn, pero que también se basa en el "blockchain" de Etherium. Utiliza distintos métodos para validar destrezas, incluyendo consenso descentralizado. Con ese método, las muestras de destrezas se evalúan anónimamente por otros usuarios designados aleatoriamente.

Existen otros ejemplos de plataformas que están utilizando

el "blockchain" para impartirle características de seguridad, protección de información personal y validación de contenido y de alegaciones. No se pretende enumerarlas todas. Lo que se busca señalar es el potencial disruptivo que tiene este movimiento. El potencial disruptivo no solamente afecta a las redes sociales tradicionales. También afecta a todos los usuarios – incluyendo los usuarios empresariales – que utilizan esas redes como parte de su plan de negocios.

Nuevamente, los dirigentes de empresas que apliquen la creatividad a la utilización de este nuevo enfoque, ya sea dentro de sus empresas o en el espacio competitivo que ocupan, serán los beneficiados. Esta es otra tecnología con capacidad transformacional.

No se puede dejar este tema sin hacer mención del "lado obscuro" del impacto de la presencia digital en el internet. Para esto, se resumen observaciones del autor Clint Watts en su libro "Messing with the Enemy", quien advierte que la presencia digital en el internet crea un ambiente donde los humanos tiene acceso a más información que nunca. Sin embargo, esos humanos entienden menos del mundo físico.

El mundo virtual no tiene barreras de entrada. Cualquiera con un teléfono inteligente puede acceder a ese mundo. Como ese mundo ofrece también una variedad prácticamente infinita de opciones y preferencias, los humanos acuden a él en busca de confort y reafirmación. Escogen los lugares con los cuales se sienten cómodos y que confirman sus creencias existentes. En ese proceso, crean una realidad alterna.

En esa realidad alterna, ellos coexisten solamente con personas que comparten sus puntos de vistas y creencias. Aceptan sólo aquellos mensajes que les agradan y que confirman lo que ya tienen en mente. "Bloquean" a los mensajes "desagradables" o los que no concuerdan con su conjunto de creencias. En esa realidad alterna, los humanos existen en una especie de "cámara de ecos", donde lo que escuchan y leen es solamente aquello que no varía en nada de sus prejuicios preconcebidas, de sus estereotipos y de los sesgos de su pensamiento.

A ese mundo, Watts lo llama "la burbuja de preferencias". Y la existencia constante en esa burbuja de preferencia (que es parte de la realidad alterna) lleva a cambios físicos y mentales en el mundo real. Cuando una persona se acostumbra a vivir en esa burbuja de preferencia, se torna intolerante de cualquier pensamiento que no paree exactamente con su prejuicio o estereotipo. Se llena de odio que dirige a cualquier concepto, persona o idea que no represente exactamente lo que vive en su burbuja. Y lo que es más triste, lleva esos sentimientos al mundo real. Y al llevarlos al mundo real, descarta ideas como consenso, acuerdos, negociación, revisión de hechos que puedan confligir con sus creencias, en fin, se descarta la racionalidad y se abrazan "creencias", por más infundadas que sean.

Esas actitudes y acciones ya se están viendo en el mundo real. Se le dan distintos nombres: "espacios seguros", "lo políticamente correcto", "expresiones ofensivas" ... pero todas son un reflejo del movimiento de las "burbujas de preferencia" al mundo real. En la actualidad, donde más se ve esto es en los centros académicos y en las dependencias gubernamentales. Eso es lógico, porque los que viven en esas burbujas buscan centros de poder que les permitan imponer sus burbujas a otras personas.

Otro efecto negativo de las "burbujas de preferencia" que se promueven y proliferan en el internet es el desarrollo de una "mentalidad de panal". El pensamiento individual se degrada. Mientras más grande el grupo, más se asemeja su comportamiento al de una turba. Esto nos presenta un fenómeno cuyo final aún no se puede predecir. La tecnología sigue avanzando a una taza que se asemeja a la establecida por la Ley de Moore. Pero el pensamiento filosófico, económico, moral y político se va degradando. El impacto de este fenómeno en el ecosistema aún está por verse.

La presencia digital en el internet es definitivamente algo disruptivo. Es disruptivo tecnológicamente y es disruptivo socialmente. En cualquiera de sus dos modalidades puede afectar a una empresa. Ignorar esta realidad puede costarle.

Impresión 3D

La impresión 3D se refiere a la impresión tridimensional. También se conoce como fabricación aditiva (FA). Se define como el proceso mediante el cual se crea un objeto físico de un archivo digital. Esa creación se lleva a cabo depositando y añadiendo múltiples capas de material, hasta que se tiene el objeto tridimensional.

Esta tecnología se inició en el 1984, cuando Charles Hull inventó la estereolitografía. La misma consiste de un proceso de impresión que permite la creación de un objeto tangible de tres dimensiones basándose en información digital. El concepto fue evolucionando y para el 1992, se creó la primera "impresora" que creaba objetos aplicando capas de resina. Aunque esta primera iniciativa no era perfecta, sirvió para probar el concepto que piezas complejas podían manufacturarse de un día para otro.

A continuación, se presenta un resumen altamente abreviado del desarrollo subsiguiente de esta tecnología. Se hace con el propósito de demostrar la velocidad de los adelantos. Se recalca que este resumen no representa un rastreo detallado de la evolución de la tecnología o de sus avances. Lo que se busca resaltar es solamente <u>algunos</u> de los puntos que demuestran los saltos conceptuales que han tenido impacto en su desarrollo.

2002 -   Científicos lograron crear un riñón en miniatura capaz de filtrar sangre y producir orina en un animal.

2006 -   Se creó una máquina capaz de crear objetos con múltiples materiales.

2008 -   Se manufacturó la primera impresora 3D que podía imprimir la mayoría de sus propias piezas. Los que tenían una, podían hacer otras para sus amigos.

En ese mismo año, se utilizó la impresora para crear una prótesis.

2011 - Se presentó, en Canadá, el primer auto creado totalmente por fabricación aditiva.

2018 - Adidas introdujo un zapato con la plantilla creada por fabricación aditiva.

BMW inició la impresión de piezas para sus vehículos comerciales.

General Motors inició la impresión de piezas para sus vehículos eléctricos.

Ford y Volkswagen (VW) abrieron centros de manufactura aditiva.

Gillette probó el concepto de rasuradoras con mangos que se pueden customizar por fabricación aditiva.

La industria automotriz encabeza el desarrollo de la impresión 3D (o fabricación aditiva). No obstante, ya se nota la dispersión de la tecnología a otras industrias. Las posibilidades en el campo de la medicina, y en prácticamente cualquier industria manufacturera, se amplían a diario. La capacidad de imprimir con distintos materiales también abre puertas a nuevas posibilidades.

El resultado de los adelantos se refleja en las proyecciones que se hacen para la tecnología. Se espera que el mercado de impresión 3D se duplique en tamaño cada tres años. Las tasas de crecimiento proyectadas fluctúan entre 18% y 27% anualmente.

Con ese potencial de crecimiento, la fabricación aditiva se proyecta como una de las tecnologías que mayor impacto disruptivo puede tener. De hecho, esta tecnología ya está creando disrupción en diversos campos.

En el campo de la salud, MBC Biolabs ha desarrollado la metodología para fabricar órganos funcionales mediante la fabricación aditiva. Investigadores en la Universidad de Toronto han creado una manera de generar piel, también mediante fabricación aditiva.

En el campo de la alimentación, la firma BeeHex, incentivada por financiamiento proveniente de la NASA, ha utilizado la tecnología para imprimir una pizza enteramente comestible. La impresora, conocida como Chef 3D ya se está adaptando para uso comercial en el planeta. La empresa italiana Barilla ya manufactura pasta mediante fabricación aditiva.

En el campo de la construcción, la firma ucraniana PassivDom crea las paredes, el techo y el piso de una casa de 410 pies cuadrados en unas 8 horas. Luego, trabajadores humanos añaden las ventanas y puertas, el sistema eléctrico y la plomería.

Para las empresas que dependen de la investigación y desarrollo, la impresión 3D ofrece la oportunidad de generar prototipos y probar ideas mucho más rápidamente y a una fracción del costo de los métodos tradicionales.

Todos los indicadores relacionados con esta tecnología indican que tiene el potencial de convertirse en una fuerza transformativa que no se puede ignorar. Toda empresa debe analizar todos los aspectos de su operación e identificar cómo y dónde puede aplicar la impresión 3D para su beneficio. El riesgo de no hacerlo puede ser el tener que enfrentar un cambio disruptivo generado por un competidor.

Robótica

Un robot es una máquina que se ha diseñado para ejecutar una o más tareas de manera automática, con velocidad y precisión. La variedad en tipos de robots es tan grande como las tareas para las cuales han sido diseñados. Los robots, como toda tecnología, han pasado por un proceso evolutivo.

Los robots de primera generación datan de la década del 1970. Estos robots generalmente consistían de máquinas estacionarias, no-programables y sin sensores. Mas bien podían considerarse aparatos electromecánicos desprovistos de sensores.

Los robots de la segunda generación se desarrollaron en la década del 1980. Estos robots partieron de la primera generación y añadieron sensores y controladores programables.

La tercera generación de robots se empezó a desarrollar aproximadamente para el 1990 y sigue hasta el presente. Estos robots se han aprovechado de los adelantos tecnológicos y pueden ser estacionarios o con movilidad. Pueden contar con el reconocimiento de lenguaje hablado. Pueden tener incorporada una programación sofisticada. De hecho, pueden estar nutridos con muchas de las tecnologías que se ha presentado en este capítulo.

Los robots de cuarta generación están en etapas adelantadas de investigación y desarrollo. Estos incorporan (o se proponen incorporar) inteligencia artificial avanzada, la capacidad de autorreplicarse y la capacidad de auto ensamblarse, entre otras características. También ya se está presentando robots en nanoescala (tamaños que se miden en unidades de 10^{-9} metros), que, en sus etapas más adelantadas, también formarán parte de esa cuarta generación.

Hasta cierto punto, los robots son el resultado de la integración de otras tecnologías, incluyendo muchas de las que se han mencionado: inteligencia artificial, tecnología de redes, el internet de las cosas, tecnología de asistentes de voz y computación y almacenamiento en la nube. Otras tecnologías (que también tiene componentes de los mencionados), como el reconocimiento facial, forman parte de la evolución robótica.

En términos disruptivos, los robots tienen el potencial de transformar varias industrias.

La manufactura fue una de las primeras en adoptar la robótica. En particular, la industria automotriz, con sus líneas de ensamblaje y la ejecución repetitiva de tareas idénticas de manera precisa, fue pionera. El impacto disruptivo ya se ha visto en esta industria

– no solamente en los incrementos en eficiencia y efectividad, pero también en la pérdida de empleos. Sin embargo, es difícil argumentar en contra de la eficiencia de robots en la manufactura y su impacto en el control de aumentos de precio de los artículos manufacturados.

La manufactura de alta precisión – como la de componentes electrónicos, o de piezas o componentes de aviación – se está automatizando cada día más. Lo mismo ocurre en la manufactura en masa, que requiere la repetición constante de tareas rutinarias con un grado de precisión que no varíe.

Ya se vislumbra el modelo de la planta completamente automatizada. Por ejemplo, Boeing, que ha estado automatizando su proceso de manufactura de aviones, ha patentado el concepto de una planta manufacturera completamente automatizada para la manufactura de fuselajes de aviones. Todo – desde el movimiento de materiales hasta el proceso de manufactura en sí – se lleva a cabo por robots. Ejemplos de esta y otras industrias apuntan a la aparente inevitabilidad de esta tendencia, por más impacto que tenga en la condición humana.

En la industria de salud, los robots ya son capaces de ejecutar tareas complejas con un alto grado de precisión y prácticamente sin supervisión. Ya se han hecho pruebas con cirugía asistida por robots. Investigadores de la Universidad de Oxford completaron, en 2018, las primeras pruebas exitosas de cirugía de la retina asistida por robots. Utilizando el robot, lo cirujanos pudieron llevar a cabo los procedimientos con igual o mejor eficacia a la que se obtiene cuando se utiliza el método tradicional.

Pero esto es sólo un ejemplo. La robótica se está esparciendo por otros campos de la medicina y no se ve fin a las posibilidades.

En la industria del entretenimiento y la recreación, la robótica lleva tiempo manifestándose. El Salón de los Presidentes en Walt Disney World en Orlando, Florida, E.U., es un ejemplo. Pero no es el único. Experiencias que incorporan la realidad virtual con el uso de robots también abundan.

El impacto de los robots en la industria de transporte se hace evidente a diario. Vehículos autodirigidos, también conocidos como vehículos autónomos, están en proceso de desarrollo y prueba a los momentos en que se publica este libro. Integrando múltiples tecnologías e incorporando la inteligencia artificial, ya estos vehículos pueden navegar por carreteras urbanas y manejar situaciones dificultosas. Se estima que su primera implantación comercial sea en el transporte comercial de suministros.

La industria de la construcción es otra industria con potencial de conversión significativa a los robots. La necesidad de transportar componentes pesados y ensamblarlos de manera que no comprometa la integridad estructural se presta para la capacidad que han desarrollado los robots. El potencial de eliminar condiciones de riesgo para los humanos también favorece la adopción de robots en esta industria.

Obviamente, no se pretende enumerar todas las industrias que pueden ser afectadas por la robótica. Tampoco se pretende cubrir todas las posibilidades en las industrias que se han mencionado. El propósito de enumerar estos ejemplos es mostrar la diversidad y variedad en la aplicación de la robótica. Con esto se busca alertarlos a la posibilidad de que su industria o su empresa puede ser objeto de disrupción con esta tecnología.

Pero no se puede cerrar esta sección sin discutir la posibilidad de que la robótica NO sea una tecnología disruptiva. Y para eso, se debe repasar lo que es una tecnología disruptiva. Y eso, se ha dicho, es una tecnología que altera de manera significativa la manera en que una organización o una industria entera opera. Estas tecnologías pueden obligar a las compañías a alterar sus modelos de negocio. La consecuencia es perder segmentos de su mercado o convertirse en irrelevantes.

Y esto lleva a la esencia del argumento. Si el añadir robots a sus operaciones no va a causar disloques mayores, o cambios en su modelo de negocio, o cambios en sus procesos, entonces es muy posible que – en ese caso particular – la robótica no represente una alteración disruptiva. Lo que ha hecho es añadirle un robot colaborativo a su operación con miras a mejoras en su eficiencia o efectividad.

Lo que eso plantea es que cada industria – y cada empresa – tiene que determinar si los adelantos en robótica en su industria representan una mejora incremental en la manera en que se ejecutan los procesos. La otra posibilidad es que esos adelantos representen una transformación fundamental de la manera en que se produce un producto o se genera un servicio. Debe hacerse tres preguntas para ayudarlo en este proceso evaluativo:

a) ¿Qué actividades tenemos en la empresa que pueden ser objeto de automatización en un futuro cercano dada la tecnología disponible?

b) Si tenemos actividades susceptibles a automatización, ¿qué parte o componente de las mismas podría representar una oportunidad que fuese comercialmente viable? Para contestar esta pregunta, busque aquellas partes de la actividad que conlleven actividades repetitivas.

c) ¿Existen otras empresas en la industria (o equipos de investigadores en universidades) que estén dispuestos a explorar estas opciones con nosotros?

Como se ha planteado previamente, les compete a los líderes de las empresas el estar alertas y determinar cómo los cambios en esta tecnología los puede afectar. Esa es la postura proactiva que le ayuda a sobrevivir los eventos disruptivos.

Automatización Robótica De Procesos

La automatización robótica de procesos (conocida en inglés como "Robotic Process Automation o sus iniciales RPA) es programación que permite emular e integrar el uso de la interfaz de usuarios de un sistema y las interacciones entre los diversos sistemas utilizados por los organización. Cada paso repetitivo por el cual un usuario navega en un sistema y las actividades que el usuario realiza forman parte de la solución RPA. Se automatiza el proceso para que ejecute de forma repetitiva haciendo uso de las reglas provistas. Estas reglas deben ser estructuradas.

RPA sigue las instrucciones dadas sin desviarse de las mismas. Introduce una fuerza laboral virtualizada que hace las tareas manuales tediosas y repetitivas ser ejecutadas de forma automatizadas y consistente. Esta automatización puede ser conocida como robots o más específicamente el nombre de "bot" para llamar a la automatización de los scripts.

RPA no es un concepto totalmente nuevo. Los orígenes de las soluciones RPA inician con los emuladores, software que se utiliza para conectarse a un mini computador o mainframe, con los cuales se podían ejecutar macros. Posterior a los emuladores de pantalla verde, se desarrollaron softwares para proveer una interfaz gráfica la cual proveía mayores capacidades de automatización. Estas soluciones proveían un gran nivel de automatización y productividad.

Algunos de los beneficios de RPA son:

- Aceleración en el desarrollo de soluciones: dado que se está desarrollando la solución basada en objetos programáticos existentes, el tiempo de desarrollo se reduce significativamente. Al desarrollar los bots de forma tal que se creen componentes reusables, los mismos podrán ser utilizados en el desarrollo de la solución RPA reduciéndose el tiempo de desarrollo.

- Aceleración en la ejecución de los procesos: unos de los objetivos principales de las soluciones RPA es el incrementar productividad en la utilización de los sistemas existentes. Este incremento de productividad se ve reflejado en el incremento de capacidad de procesamiento de los datos de la empresa ya sean estos recibidos en forma digital o físico. En un caso específico de uno de los clientes se ha observado como el procesamiento de unas transacciones se redujo de 20 a cuatro minutos, también un trabajo de tres días se redujo a una hora.

- Calidad: la calidad en los datos y el producto de la ejecución de los procesos será consistentemente alta. El definir el proceso correctamente y ejecutar pruebas exhaustivas de la solución desarrollada es clave para lograr el objetivo de calidad.

- Cumplimiento: la ejecución automatizada de procesos automatizados por una solución RPA garantiza el cumplimiento con los estándares y reglamentos con los cuales la organización debe cumplir. La creación de registros de transacciones debe ser parte de la solución para mejorar el cumplimiento.

- Disponibilidad: una solución RPA puede tener una disponibilidad 24x7. La necesidad de este requisito debe ser documentado como parte del análisis para ser configurado apropiadamente.

- Economías en el uso del sistema: la sustitución de mano de obra por una solución RPA generará beneficios tangibles en la organización. Esa economía podrá ser medida en tiempo y dinero. El tiempo libre de los empleados, ganado como parte de la solución podrá ser asignado y utilizado en áreas de mayor beneficio.

- Eliminación de errores: la automatización del procesamiento de transacciones de la organización evitará los errores que puedan surgir del procesamiento manual.

- Escalabilidad: las soluciones RPA tiene la capacidad de escalar fácilmente. La arquitectura de las soluciones en el mercado implanta un diseño que permite incrementar la capacidad de los servidores donde se controlan los servicios RPA según sea requerido.

- Integración: un elemento de suma importancia en la implementación de una solución RPA es la capacidad de una fácil integración con sistemas existentes. La solución debe ser capaz de integrar sistemas diversos sin tener que desarrollarse programas adicionales.

- Mayor satisfacción en el trabajo: la reducción de tareas que han sido automatizadas y la reasignación de nuevas tareas a los empleados, típicamente provoca una mayor satisfacción.

Cuando se enfrenta la implantación de una solución RPA exclusivamente desde el punto de vista de una solución técnica, no se obtienen los resultados esperados. La implantación de una solución RPA debe ser afrontada desde el punto de vista de negocio con tecnología que la apoya.

A continuación, se resumen los pasos que se deben seguir en la adopción de tecnología RPA en apoyo de procesos de negocios.

- Desarrollar visión que guiará el proyecto de adopción de solución RPA y los proyectos asociados. La visión debe ser aplicable a todos los procesos que se impactarán.

- Documentar las vertientes de valor o vertiente de valor que se beneficiará de un proyecto RPA.

- Para las vertientes de valor identificadas, se seleccionará los procesos que componen las mismas y se documentarán de forma general.

- De los procesos que componen la vertiente de valor se seleccionara el proceso a automatizarse.

- Una vez seleccionados los procesos a ser impactados, se documentarán los mismos de forma detallada, obteniendo así la información que se requiere para tomar decisiones sobre el proceso a impactar.

- Para el proceso seleccionado se identifica todo lo que implica entrada de datos, salida de datos, fuente de información, interacción con sistemas y procesamiento.
- Se ejecuta el desarrollo del proyecto RPA para un proceso dado y se implanta a nivel de un piloto el mismo.
- Se recopila métricas e información sobre la ejecución de la solución RPA.
- En caso de ser necesario refinar la implantación, se vuelve a la etapa de desarrollo.
- De estar de acuerdo con el desarrollo de la solución, se pasa a instalar está en un ambiente de producción.
- Se toman métricas de la ejecución de la solución RPA para monitorear si se debe realizar ajustes a la solución.

Las soluciones RPA pueden causar un gran impacto en la productividad de las organizaciones, lo que hace altamente aconsejable el adoptar un enfoque proactivo hacia la adopción de esta tecnología.

Impacto De Las Tecnologías Disruptivas

Se ha presentado una muestra de tecnologías que se están desarrollando e implantando. Estas tecnologías están obligando a muchas organizaciones a reevaluar su modelo de negocio. Entre ellas están las que reevalúan cómo producen y entregan su producto o servicio. Pero hay otras que evalúan si su producto seguirá siendo relevante en el futuro cercano o lejano.

Hay otras empresas que no pueden evaluar nada... porque ya no existen. Estas son las que adoptaron la postura reactiva. Quizás pensaron que podían preocuparse por las nuevas tecnologías "más tarde". Pero ese "más tarde" nunca llegó. El advenimiento de las tecnologías y su aprovechamiento por competidores con mayor agilidad, les cerró la ventana de tiempo.

Pero esa información no debe ser motivo de alarma. Debe servir para crear conciencia de una realidad innegable que todos tienen que enfrentar. No se puede parar el progreso, pero si se puede prepararse para aprovecharlo.

El aprovechamiento del progreso y la preparación de una empresa para maximizar sus oportunidades depende de algo fundamental. El enfoque de este capítulo ha sido la tecnología. Pero todo lo que ocurra en la empresa dependerá de su gente. Este concepto se explora en mayor detalle más adelante. Por ahora decimos que la actitud, la voluntad, la visión y la calidad del liderazgo de esa gente va a determinar el éxito de la empresa ante los retos de la disrupción.

La preparación es la clave. Esa preparación no debe ser en estado de alarma. Debe ser algo que se hace con actitud de anticipación. Se debe tener la certeza que se encontrará un camino que se ajuste al servicio o producto que la empresa produce y a los mercados que sirve.

Es muy probable que ahora, sin otra contemplación, usted NO pueda decir qué tecnología le va a ser útil. Primero tiene que analizar la estructura de su organización y los mecanismos que utiliza para generar su producto o servicio. Luego tiene que escoger la dirección que desea seguir. Si tiene eso claro, entonces puede empezar a mirar las tecnologías disponibles. Luego, puede analizar cuál o cuáles de ellas se ajustan al propósito de negocio que quiere alcanzar.

Si este proceso le parece un tanto estructurado... es porque lo es. La interrelación entre las distintas tecnologías requiere ese enfoque estructurado. Se debe seguir un orden, una secuencia de actividades. Ese orden asegura que se exploran todas las oportunidades y ramificaciones. Esa secuencia minimiza la exposición a situaciones no anticipadas. A esto se le conoce comúnmente como seguir una metodología. En condiciones de disrupción el ser metódico paga dividendos.

En la exposición sobre el impacto de la robótica, se presenta un pequeño ejemplo. En ese caso, se sugieren tres preguntas para ayudar a determinar si los adelantos de la robótica representan una mejora incremental o una disrupción. Las preguntas lo llevan a pensar de manera enfocada. Dirigen el pensamiento hacia la búsqueda de una solución o contestación. Ese es el efecto de ser metódico.

La manera de enfrentar el reto disruptivo es con un plan metódico que le permita hacer las cosas correctas que lo encaminen en la dirección correcta. Solamente de esa manera se podrá encontrar no sólo entre los sobrevivientes, sino entre los exitosos.

LA ESTRUCTURA ORGANIZACIONAL DISRUPTIVA

Una estructura organizacional es un sistema que determina como se definen y asignan los roles, el poder y las responsabilidades dentro de una organización. Las líneas de comunicación y flujo de información, las líneas de autoridad y control, y las líneas de responsabilidad se establecen siguiendo los parámetros establecidos por la estructura organizacional.

Una estructura organizacional disruptiva sigue los preceptos indicados en el párrafo anterior, pero surge de la transformación de la organización existente, convirtiéndola en una más resistente y a la vez mas elástica. Es una organización capaz no solamente de sobreponerse a cambios dramáticos en su industria; puede generarlos.

Las transformaciones organizacionales de por sí son disruptivas. Sin embargo, las ventajas de tener una organización transformada sirven de contrapeso a la disrupción que conlleva la transformación. Los adelantos en la tecnología que se describió en el capítulo anterior exigen un examen de la capacidad de las organizaciones de sobrevivirlos. Eso es lo que se propone hacer en este capítulo.

Personal

Personal Y Disrupción

La creación de cualquier organización se inicia con la agrupación de personas que compartan su visión y que posean las destrezas necesarias para hacer de esa visión una realidad. En los casos de organizaciones existentes, las personas que ahí laboran representan el equipo que comparte los objetivos que se han trazado y que los logran. En todo caso, esas personas... ese equipo de gente... SON la organización. Sin ellos no existe nada. Podrá existir un espacio de trabajo... con su mobiliario... y con su equipo. Pero no ocurre nada, porque no hay gente con un propósito común. La gente ES la organización.

Como la gente ES la organización, la "visión organizacional", la "misión organizacional" y los "objetivos organizacionales" realmente no existen. Lo que existe es una visión compartida, una misión compartida y objetivos compartidos. ¿Entre quién? Entre las personas que se han unido con el propósito común de crear algo con valor – un producto o servicio particular para el cual existe una demanda.

La estructura organizacional – para no perder de vista el tema del capítulo – es el sistema o el vehículo que se utiliza para alinear a estas personas, cada una con su talento y su destreza, de la manera más efectiva para cumplir los objetivos compartidos.

Esas personas también tienen sus objetivos y metas particulares y personales. Para ellos, su esfuerzo con otras personas no representa solamente su deseo de colaborar en esos propósitos y objetivos comunes. Su esfuerzo también representa la energía que ellos invierten en lograr sus objetivos personales. Y esa energía nutre la consecución de los objetivos compartidos.

Esto se tiene que entender, especialmente cuando se introduce el concepto de disrupción. Se ha dicho que la transformación de la organización es disruptiva. Pero también se ha dicho que la organización es la gente. Eso significa que cuando se introduce la disrupción en el esfuerzo de transformar la "organización", la perturbación que se crea, se le crea al equipo de la gente que la compone.

Ese equipo produce el producto o servicio que la empresa le suple a su mercado. Afectarlos significa alterar la capacidad de la empresa de satisfacer su mercado mientras dure la disrupción. A la misma vez, se cuenta con esa misma gente para llevar a cabo la transformación. Eso no es tarea fácil.

Lo que convierte a la tarea difícil en una manejable, es el liderazgo. La transformación de su organización realmente es la transformación de su gente, de su equipo, de las personas que tienen la visión compartida y que, en conjunto, generan un producto o servicio. Esa transformación solamente se puede lograr con liderazgo efectivo.

La intervención y participación de los líderes efectivos en su equipo es esencial. La transformación puede lograrse con el compromiso, la pasión y el conocimiento para guiar a los distintos equipos, que aportan los líderes. Todas las destrezas del arte de liderazgo, desde comunicación efectiva hasta la sensibilidad y la conciencia para percibir estados de ánimo, entrarán en juego en el proceso de transformación.

Se recalca esto por la importancia que tiene. La gente... sus empleados... su equipo... <u>esos</u> son la esencia misma de la organización. Por lo tanto, si va a "transformar la organización", todos (incluyéndose a usted) se van a transformar. El proceso de transformación es disruptivo. La única manera de efectuarlo con seguridad es reconociendo el rol del liderazgo y ejerciendo ese rol consistentemente.

Liderazgo En Mayor Detalle

Nada ocurre en la organización sin la intervención de un líder. No importa el nivel. No importa la magnitud de la acción. Puede ser un cambio administrativo menor o puede ser la transformación de la organización en su totalidad. Siempre se requiere de un líder o un equipo de líderes.

Se sabe que la gente ES la empresa. Se debe examinar lo que debe ser el líder (o mejor expresado, los lideres). La mejor manera de entender estos conceptos es aplicándoselos a uno mismo. Por lo tanto, se va a referir a usted, el lector o lectora.

¿Quién es usted como líder?

Para contestar esa pregunta tiene que examinarse en tres dimensiones: su carácter, sus competencias y sus acciones.

Al hablar de su carácter, tiene que evaluar quién usted es.

- ¿Cómo es usted?
- ¿Cuáles son sus valores?
- ¿Cuán fuertes están arraigados esos valores?
- ¿Cómo determina usted lo correcto y como ata ese conocimiento de lo correcto a la acción?
- ¿Es su comportamiento un reflejo de sus valores?

Estas son preguntas difíciles, pero se las tiene que hacer. Si nota ausencia de valores, o si nota un disloque entre los valores que dice tener y su comportamiento, entonces necesita tomar medidas para desarrollar su carácter.

Como líder, usted también debe exhibir cierto nivel de competencia – sus conocimientos y sus destrezas:

- Necesita tener destrezas interpersonales: el conocimiento de su gente, la capacidad de escuchar y cómo trabajar con sus subordinados, pares y superiores.
- Necesita destrezas conceptuales: la habilidad de entender y aplicar conceptos e ideas necesarias para su trabajo.
- Necesita destrezas técnicas, para entender los equipos, procesos y procedimientos con los cuales trabaja usted y su gente.
- Necesita destrezas decisionales: la habilidad de tomar decisiones correctas referente a la utilización de su personal y otros recursos, para lograr los objetivos que se han establecido.
- Finalmente, y esto es especialmente importante en

ambientes disruptivos, necesita desarrollar la creatividad; el uso de la imaginación y la generación de nuevas ideas, que es tan importante en la innovación y en la originalidad.

El dominio de estas destrezas es esencial para su éxito. Un líder disruptivo no se puede conformar con saber solamente lo que la organización necesita para salir adelante hoy. También debe preocuparse por entender lo que la organización puede necesitar en el futuro.

La tercera dimensión de su autoanálisis se refiere a lo que usted hace como líder. En esa dimensión, entre otras cosas, usted influye, usted opera y usted mejora.

En el proceso de tomar decisiones y comunicar las mismas, usted influye a su organización. De igual manera, al motivar e interactuar con su gente, usted ejerce su influencia en la organización. Por supuesto, no se puede dejar fuera su ejemplo – la manera en que se comporta – que también influye a su organización.

Como "operador", usted dirige y lleva a cabo acciones cuyo propósito es cumplir con los objetivos y metas establecidos. Éste es un aspecto de liderazgo que debe ejercer constantemente.

Como "mejorador", usted lleva a cabo acciones para aumentar la capacidad de la organización, para lograr sus objetivos corrientes y para prepararse para el logro de objetivos futuros. Es en este rol que más se manifiesta su capacidad de fungir como líder disruptivo.

Se le ofrecen estos comentarios como una guía preliminar para efectuar su autoexamen. Hay programas de "coaching" o consejería que le pueden ayudar a elaborar su análisis de liderazgo.

¿Y Qué De La Gente?

Su personal debe ser el próximo foco de su atención. Y al analizar a su personal, tiene que hacerlo pensando en dos vertientes. En primera instancia, los tiene que analizar como "compañeros de viaje" en el rumbo parcialmente desconocido del cambio disruptivo. En segunda instancia, los tiene que analizar como las personas que, habiendo pasado por el proceso transformativo, se convertirán en la nueva empresa.

En el primer caso, se habla de un rumbo parcialmente desconocido porque es imposible anticipar todas las posibles ramificaciones de un cambio disruptivo. Todos pueden ser participantes entusiastas en habilitar el cambio, pero – precisamente por su naturaleza disruptiva – se puede hacer muy difícil el identificar todas las ramificaciones posibles de un cambio que rompe los paradigmas existentes. Por eso tiene que analizar sus actitudes, sus preocupaciones, sus deseos y sus expectativas. Tiene que conocer a fondo la gente con la que cuenta para efectuar el cambio. No puede olvidar que la gente es la empresa y que el cambio operará sobre todos. Por lo tanto, debe darse a la tarea de capacitarlos si encuentra que algunos necesitan alguna destreza adicional para que puedan manejar y participar de lleno en el proceso de cambio.

En el segundo caso, se parte de la premisa que ha pasado por el proceso necesario para articular su visión de la "empresa futura" ...la empresa después del cambio disruptivo. En el capítulo sobre Un Enfoque Disruptivo Para La Transformación Organizacional se describe el enfoque disruptivo necesario para lograr la transformación organizacional. Lo importante es entender que debe identificar la dirección en la cual llevará su esfuerzo de cambio disruptivo. Eso requerirá la canalización de toda la energía creativa y visionaria que pueda concentrar en su organización.

Cuando se complete ese ejercicio, el resultado será una visión mucho más clara de la dirección en la cual se quiere mover. Terminará con una conceptualización de lo que la organización será después de efectuado el cambio. Pero no puede perder de vista que sus empleados (su "gente") serán su empresa transformada. Ellos son los que se van a responsabilizar por la ejecución de los procesos en que tienen participación. También van a garantizar que sus actividades cumplan con los estándares y métricas definidas para que la empresa califique como una organización de alta ejecutoria.

Este análisis lo obliga a evaluar a cada persona dentro del contexto del paradigma impuesto por el cambio disruptivo. Las siguientes preguntas pueden ayudarlo a enfocar ciertos aspectos de esa evaluación:

- ¿Quiénes pueden adaptarse al nuevo rol contemplado?
- ¿Quiénes pueden asumir la autoridad y la responsabilidad bajo el nuevo esquema?
- ¿Quiénes requieren la reafirmación del apoderamiento necesario para sentirse más seguros en su nuevo rol?
- ¿Quiénes van a necesitar la mentoría apropiada para tomar decisiones relacionadas con los procesos que le corresponden?
- ¿Quiénes pueden aprovechar oportunidades de capacitación y desarrollo continuo para que expandan sus horizontes y contribuyan de nuevas maneras al esfuerzo total?

De nuevo, todas estas preguntas representan puntos de partida para su análisis. La naturaleza del cambio que se propone efectuar le indicarán el nivel de detalle al cual llevará su análisis. La magnitud de la transformación que va a ocurrir le permitirá determinar las necesidades específicas de su equipo. Pero todas lo llevan en la misma dirección: la búsqueda de la eficiencia y efectividad en la ejecución de los nuevos procesos, y la ejecución de esos procesos según diseñados.

Su meta con relación al personal bajo el concepto de cambio disruptivo se puede resumir de manera clara:

- Reconozca que su personal ES la organización.
- Conozca la importancia del rol del líder y conozca la capacidad y las limitaciones que tiene como líder.

- Conozca a su personal, sus capacidades y sus limitaciones.

Si hace un esfuerzo concienzudo para lograr el conocimiento que se indica, habrá dado un paso gigante.

Transformando La Organización

Muchos buscan la "optimización" de su estructura organizacional existente. Y se entiende ese esfuerzo, porque así se crea la ilusión de una "esperanza": la esperanza de identificar oportunidades para utilizar la tecnología que se esté desarrollando para efectuar un cambio disruptivo. Pero "optimizar" la estructura existente no es suficiente. Porque "optimización" no lleva a disrupción.

Si uno quiere efectuar un cambio disruptivo, primero tiene que transformar la organización para ponerla a la par con el siglo 21. Tiene que abandonar los modelos jerárquicos antiguos y aplicar conceptos nuevos a la estructura organizacional. No puede pretender crear cambios disruptivos para el siglo 21 partiendo de modelos organizacionales extraídos de las estructuras napoleónicas de principios del siglo 19.

Entendiendo eso, su primera misión es transformar la organización existente para que responda a modelos conceptuales del siglo 21. Con una organización así transformada, se le facilita grandemente el examinar su empresa como un todo. Eso, a su vez, le permite entender mejor cómo puede transformarla para aprovechar cualesquiera adelantos tecnológicos o conceptuales para dominar su industria o mercado.

Con esa perspectiva es que se presentan las secciones siguientes de este capítulo. La intención es proveerle perspectiva y conocimientos conceptuales. Con esos dos ingredientes básicos, puede considerar emprender el camino de la transformación organizacional de su empresa.

Cada Organización Está Diseñada Para Generar Los Resultados Que Obtiene

¿Cómo interpretar el éxito o fracaso de una organización? Las organizaciones que sucumben lo hacen principalmente por las decisiones y estrategias adoptadas por la gerencia. Esto sucede como consecuencia de estilos gerenciales tradicionales. Esos estilos, producto de otra época, con frecuencia no toman en cuenta el impacto de los cambios súbitos. Y esa omisión crítica puede conllevar la inevitable desaparición de la organización.

Con el pasar del tiempo, el mercado organizacional evoluciona. Eso da origen a nuevas organizaciones y a la desaparición de otras. Las organizaciones que alcanzan el éxito son aquellas que, con liderazgo de visión clara, han implantado enfoques modernos para asumir la transformación de forma beneficiosa para la organización. También se mantienen vigentes aquellos entes organizacionales de recién creación. Estos han incorporado perspectivas disruptivas, competitivas y productivas, desde el comienzo.

Las organizaciones líderes:

- Se encuentran en continuo cambio, siempre monitoreando.
- Tienen una gerencia enfocada al mejoramiento del personal, procesos, organización y tecnología.
- Asignan los debidos fondos para las iniciativas de transformación y están abiertas a las nuevas ideas sugeridas por sus integrantes.
- Promueven la innovación entre sus empleados.
- Asumen los retos de la transformación como una cuna de oportunidades y logros, no como un proceso negativo.

Las organizaciones líderes implementan lo mejor de los métodos de transformación. Adoptan un enfoque disruptivo para poder lograr transformaciones significativas de manera efectiva.

Las Disciplinas De Cambio Organizacional

A lo largo del tiempo las organizaciones han adoptado diversos enfoques para asumir la transformación. [Véase el Apéndice 1 para un desglose de los enfoques más comunes]. Estos enfoques ganaron popularidad después de la segunda guerra mundial y aportaron a mejorar la productividad y calidad en las organizaciones. Algunos de estos enfoques priorizan la calidad. Otros, le dan más importancia a los cambios organizacionales y procesales.

Cada enfoque tiene sus bondades y no se busca establecer que uno es mejor que otro. Lo que sí se puede establecer es que estos enfoques promueven la satisfacción de las necesidades del cliente de la organización.

Pero, ¿qué sucede cuando se intenta adoptar uno de estos enfoques sin el compromiso gerencial hacia la transformación disruptiva de la organización, ni con la debida tecnología? Los resultados no son los esperados.

El esquema de transformación puede enfatizar la calidad, la reingeniería, o puede utilizar cualquier otro enfoque. Pero no es el enfoque el que causa la incapacidad de llegar a los resultados esperados.

La Fórmula Para El Fracaso... Y La Solución

Existe una razón fundamental por la cual las disciplinas de cambio organizacional no generan los resultados esperados cuando se aplican al concepto de transformación disruptiva. La razón no se determina por un proceso complejo de análisis. La razón es muy sencilla y se incorpora al nombre genérico que se le da a ese conjunto de prácticas: disciplinas de cambio organizacional.

El cambio puede ser gradual. En ocasiones es repentino. Para el cambio se planifica. En ocasiones no se puede planificar mucho. Pero el cambio siempre es cambio. La implicación puede ser que se quiere tomar lo existente y hacerlo mejor. Se quiere "mejorar". En algunos casos, como cuando se habla de reingeniería, el cambio puede ser significativo. Y puede ser significativo al punto que el proceso resultante no se parece en nada al proceso que existía previamente. Pero su enfoque subyacente sigue siendo el de mejorar. Aun cuando se lleva a cabo un "cambio significativo" bajo reingeniería, el enfoque no necesariamente conlleva una transformación fundamental del modelo de negocio.

Cuando conlleva una transformación fundamental del negocio, la reingeniería se tropieza con obstáculos. El propio Michael Hammer, el profesor de MIT que introdujo el concepto de reingeniería, estimó – en 1993 – que de 50% a 70% de los proyectos de reingeniería no logran sus objetivos. La razón de ese porcentaje significativo de fracaso se atribuye a varios factores. Uno de los más comunes, que se cita en el artículo "¿Why does reengineering fail? A practical guide for successful implementation" de la revista Journal for Management Development de noviembre del año 2000, es la "falta de respaldo e involucramiento de parte de la gerencia alta". Esa razón, conjuntamente con la de "pobre comunicación" o "falta de manejar la resistencia al cambio" o la "falta de adiestramiento", puebla numerosos libros y artículos que cubren el tema. De hecho, cualesquiera de esas razones se utilizan para explicar fracasos en el logro de objetivos con cualquiera de las disciplinas de cambio.

Pero la realidad es otra. La realidad es que no captan el concepto fundamental, explicado previamente, que la gente ES la organización. Y que cualquier cambio o transformación que se va a efectuar en la organización es un cambio que se va a efectuar a esa gente.

Reconocido eso, se recalca la importancia del rol del liderazgo en el proceso de transformación. Pero como la gente es la organización, todos, líderes y seguidores, pasan por el proceso de transformación. Y eso implica la existencia de una voluntad de llevar a cabo esa transformación.

Cuando la disrupción es externa, la voluntad nace del instinto y de la necesidad de supervivencia. En ese caso, no existe mucha opción para "escoger otra alternativa", porque la otra alternativa es la "muerte organizacional". Cuando la disrupción se genera internamente, los lideres tienen que generar esa voluntad... entre ellos mismos y entre su gente.

Para generar esa voluntad entre las personas que componen la organización, se tiene que recordar otro concepto discutido previamente. Las personas también tienen objetivos personales. Perciben el logro de los objetivos empresariales como herramienta para el logro de sus metas personales. El líder efectivo busca alinear esos objetivos personales con el objetivo de transformación, creando unidad de propósito.

La Organización Tradicional

Para propósitos de esta discusión, el término "organización tradicional" se refiere a una organización existente. El término no tiene implicación negativa alguna. Sencillamente se refiere a la organización que se estructura por función, de manera jerárquica.

La palabra "función" se refiere al conjunto de actividades que apoyan un aspecto específico de la organización. Cada función se define en relación con las acciones que ejecuta. Ejemplos de esas funciones incluyen: diseño, distribución, finanzas, manufactura, recursos humanos, y tesorería. En este tipo de organización, los empleados se agrupan de acuerdo con sus destrezas y áreas de conocimiento.

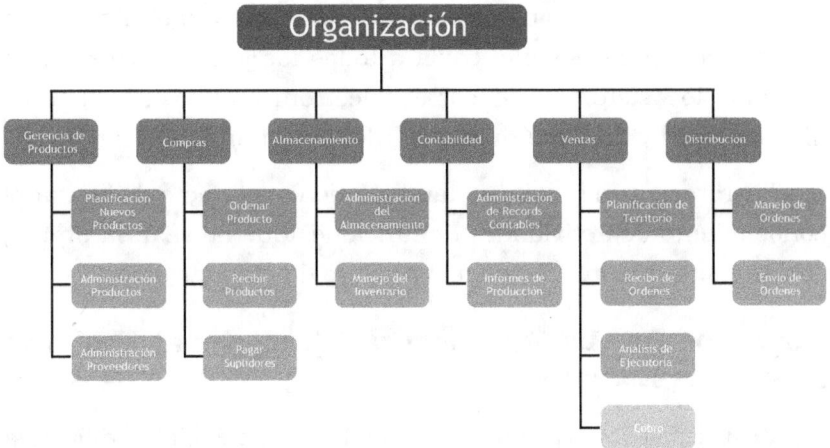

Entre las características de la organización tradicional se encuentran:

- Una estructura piramidal.
- Tendencia a decisiones centralizadas.
- Énfasis en los medios a utilizar para obtener resultados.
- Comunicación alineada con la jerarquía.
- Especialización del personal.

Este tipo de estructura organizacional tiene el potencial de crear barreras entre las distintas funciones. Puede ser ineficiente, especialmente en el caso que la empresa tiene una variedad de productos. Lo mismo ocurre si sirve distintos mercados. Esas barreras también tienen su efecto adverso en los procesos de comunicación.

La especialización implícita en la estructura organizacional puede dificultar la ejecución de procesos. Departamentos separados, como los de "calidad" o de "cumplimiento", para tomar dos ejemplos, pueden añadir capas a los procesos. En el caso de industrias altamente reglamentadas, la ejecución de procesos puede complicarse en exceso, creando ineficiencias adicionales.

En casos extremos, los procesos de comunicación siguen las líneas jerárquicas. Mensajes con copia a todos los jefes intermediarios inundan los sistemas de correo electrónico. El volumen crea distracciones y dificulta diferenciar lo importante de lo rutinario.

Las barreras entre funciones también tienen el efecto de limitar el conocimiento de actividades de funciones que no sean la propia, con su consecuente efecto en el proceso de comunicación.

Impacto De La Estructura Tradicional En Las Destrezas Estratégicas

Las destrezas estratégicas son áreas de competencia significativa en la organización. Esas destrezas son fundamentales en la creación de valor para el cliente. También pueden distinguir a la empresa de su competencia.

La estructura organizacional tradicional generalmente dispersa esas destrezas. De la misma manera, dispersa la responsabilidad con relación a esas destrezas. Esa doble dispersión (de las destrezas en sí y de la responsabilidad) crea fragmentación en los procesos y en la ejecución. Impone requerimientos excesivos de coordinación y comunicación que tienen su costo en tiempo y dinero. A fin de cuentas, todo esto tiene el efecto de afectar negativamente tanto la efectividad como la eficiencia de la organización en el cumplimiento de sus objetivos operacionales y financieros.

Si esta organización tiene sus limitaciones cuando se enfrenta a la disrupción (porque es una organización originalmente diseñada para operar en ambientes estables y cambios graduales), ¿qué tipo de organización hace falta en este nuevo ambiente de cambios disruptivos? ¿Qué características debe tener? ¿Cómo se debe estructurar? ¿Cómo se debe operar?

Para contestar todas esas preguntas, primero hay que explicar un concepto importante que tiene implicaciones referentes a la flexibilidad, la versatilidad y la agilidad de una organización y su capacidad de responder a los retos que pueda presentar su ambiente, disruptivos o no. Ese concepto importantísimo es el concepto de "Vertiente de Valor".

Vertiente De Valor

¿Qué Es Una Vertiente De Valor?

Una vertiente de valor es un conjunto de actividades que colectivamente crean valor para el cliente. Las características de la vertiente de valor son las siguientes:

- Comienza y termina con el mismo cliente.
- Trasciende una "función", definiendo "función" como se hizo previamente.
- Incorpora personal, destrezas, y herramientas que trabajan para el beneficio del cliente, proveyéndole valor tanto al cliente como a la organización.

La vertiente de valor se compone de la definición de un proceso y de todo aquello que respalda ese proceso:

- El personal que ejecuta los procesos, con sus conocimientos y destrezas.
- Las herramientas y tecnologías utilizadas que sostienen la vertiente de valor.
- Las facilidades físicas y de ambiente en las que reside la vertiente de valor.
- La cultura de la organización a la cual pertenece la vertiente de valor.
- El comportamiento que afecta la forma en que el trabajo se desempeña.
- Los canales de comunicación y la manera en que se disemina la información.

- Las políticas, procedimientos y procesos que gobiernan las actividades de la vertiente de valor.
- El sistema social que apoya la vertiente de valor.

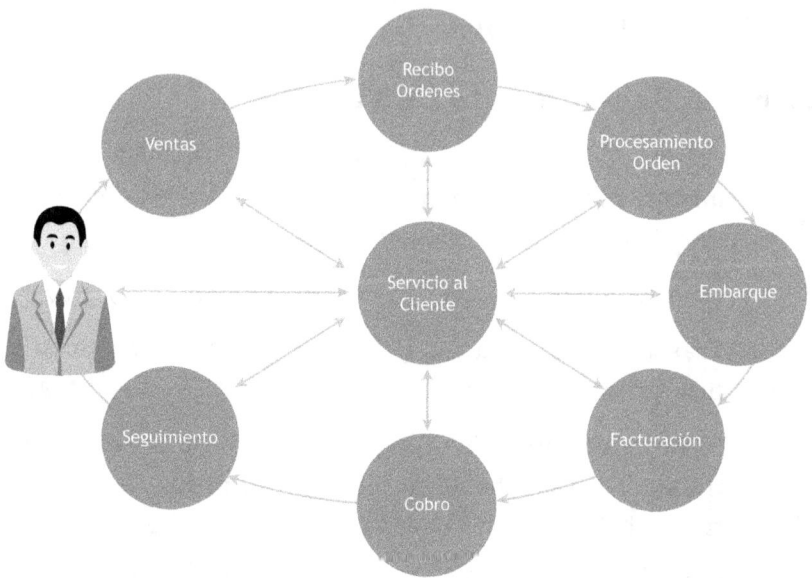

El diagrama representa los procesos macro que conforman una vertiente de valor. Esos procesos componen la vertiente de valor elemental.

El cliente ve y evalúa la vertiente de valor desde el punto de vista de lo que necesita. Ve su efectividad primordialmente desde el punto de vista de:

- Acceso: la facilidad con la cual puede acceder al proceso de solicitar el producto o servicio.
- Rapidez: la velocidad con la cual puede expresarle su necesidad a quien se la pueda resolver.
- Precisión: el grado de exactitud con la cual se le resuelve su necesidad, ya sea de un producto o un servicio.
- Empatía: los componentes intangibles del trato durante el proceso que dejan una impresión en el cliente.

Ninguno de estos criterios alude directamente a los procesos internos que la organización utiliza para satisfacer la petición del cliente. Todos son criterios de interacción. Específicamente, son los criterios de interacción con los puntos de contacto que la empresa le ofrece a los clientes. Esos puntos de contacto representan el inicio y el final de la vertiente de valor.

Para la empresa, la vertiente de valor se inicia con la petición del cliente; la necesidad expresada. La vertiente termina con la satisfacción de esa necesidad; con la entrega del producto o servicio que cumple cabalmente con los requerimientos del cliente.

Las vertientes de valor se clasifican en dos tipos generales: las primarias y las de respaldo o apoyo. Las vertientes de valor primarias son aquellas que atienden los clientes externos. Las vertientes de valor de respaldo o apoyo atienden los clientes internos.

Los clientes de la vertiente son su razón de ser. El cliente tiene un punto de contacto con la vertiente. En ese punto solicita el producto o servicio. Cuando el producto o servicio se solicita en persona, el punto de solicitud y entrega puede ser el mismo. En otras situaciones, el punto puede ser distinto. Pero lo que no varía es que ambos forman parte de la misma vertiente de valor.

El concepto de cliente se subdivide.

Los clientes externos son su fuente de ingreso. Esa es la razón por la cual quiere satisfacerlos. Ellos son los que mantienen su empresa en funcionamiento. Una vertiente de valor primaria sirve las necesidades de estos clientes.

Los clientes internos son los distintos constituyentes de la organización; desde otros empleados hasta accionistas. Las vertientes de valor de apoyo se encargan de satisfacer las peticiones de estos clientes.

La experiencia dice que, para una empresa de organización tradicional, la transición de su estructura a una enfocada en vertientes de valor es una actividad inmensamente disruptiva. El efecto lo siente mayormente el personal de gerencia media, que es el que más se ve afectado por la intensidad del impacto de la transformación.

La "mecánica" de la transformación, el realineamiento de unidades de trabajo, sumado a muchos otros factores, crean niveles de disrupción que pueden no tener precedentes en la historia de la organización. Las situaciones y condiciones resultantes de esa disrupción requieren de liderazgo y manejo. Sin embargo, las recompensas que se obtienen compensan con creces la adopción del enfoque de vertientes de valor.

¿Qué Significa La Adopción Del Enfoque De Vertientes De Valor?

La adopción de un enfoque organizacional centrado en vertientes de valor es mirar a la organización de otra manera. Se recuerda el concepto que la organización ES la gente. Con este enfoque, lo que busca es organizar a esa gente de manera óptima para lograr la producción de su producto o servicio.

El cliente externo y sus necesidades determinan la configuración de la vertiente de valor. En ese rol, el cliente que solicita el producto o servicio define, de forma indirecta, la configuración de la vertiente y la manera más efectiva y eficiente posible de lograr su propósito. Por eso, cuando usted adopta este enfoque, adopta una visión que la aplica en todas las dimensiones de su organización.

La Organización Disruptiva

La organización disruptiva es un concepto estratégico. Buscar disrupción, interna o externa, por el mero hecho de crearla no tiene sentido. Buscar disrupción tiene que tener un objetivo. El objetivo de la disrupción tiene que beneficiar a la organización. Pero como la organización no es otra cosa que la gente que la compone, ese objetivo también tiene que estar alineado con los objetivos particulares y personales de las personas que ahí laboran.

Las organizaciones efectivas se mantienen como entes operacionales. Pueden aglutinar y mantener los recursos necesarios para satisfacer los objetivos de sus integrantes y los objetivos compartidos. Cumplen con sus clientes a cabalidad.

Las organizaciones disruptivas tienen las características de las organizaciones efectivas. Pero las organizaciones disruptivas van más allá. Integran el concepto estratégico de la organización por vertientes de valor con el concepto de ejecución operacional. La integración de esos dos conceptos crea una sinergia cuyo resultado es una organización con la elasticidad y adaptabilidad necesaria para afrontar los retos que presenta un ambiente cambiante y una tecnología en constante evolución.

El componente organizacional de vertiente de valor le provee la precisión y la sensibilidad para poder captar tanto la percepción como los cambios en preferencias de sus clientes. Eso le da la ventaja estratégica de entender esas preferencias al igual que la de anticipar cambios en las mismas.

EL componente de ejecución operacional le provee los mecanismos para la planificación informada y la monitoria científica de los procesos que ejecuta. También le provee la capacidad de mirar la empresa a nivel estratégico, operacional y táctico, permitiéndole así la capacidad de integrar y sincronizar esfuerzos para maximizar su efectividad y eficiencia.

El ser una organización disruptiva significa ser una organización versátil, de iniciativa, conocedora de sus procesos internos y de sus niveles de ejecución. Es una organización preparada para participar en los movimientos disruptivos de la tecnología y de la economía. Ser una organización disruptiva también significa tener una presencia imponente en los mercados en que opera.

¿Quién Genera La Transformación Disruptiva?

El esfuerzo de transformación es un esfuerzo de la organización. La organización es su gente, <u>toda</u> su gente. Por lo tanto, el esfuerzo de transformación realmente es un esfuerzo de autotransformación. El producto de este esfuerzo es una nueva entidad con un propósito reafirmado, un nuevo enfoque y con procesos transformados para crearle valor al cliente de una manera más efectiva. La transformación del proceso de creación de valor le da a la organización una presencia enérgica y vigorosa en su mercado.

Lo que existía previamente dejó de existir. Por eso es que los métodos tradicionales de "cambio" no funcionan. El concepto de "asignar un grupo" que trabajará en "algo" para luego "regresar a sus funciones regulares" no es funcionalmente operable. No habrán "funciones regulares" a las cuales "regresar" porque ha ocurrido una transformación.

La transformación interna genuina requiere, por necesidad, la participación de los cuadros gerenciales, especialmente la gerencia media. Como los más afectados, son los que pueden "hacer o desvirtuar" la iniciativa de transformación. El proceso será intensamente disruptivo, y ellos tendrán la responsabilidad de mantener a la empresa operando a la vez que habilitan la transformación de sus propias operaciones. Esto no es algo que se le puede entregar a terceros o a "equipos especiales". La realidad disruptiva de la dinámica transformadora y la propia naturaleza de la organización lo impide.

No se puede perder de vista que la organización ES la gente. Un esfuerzo de transformación organizacional que no involucre a la gente que tiene que transformarse está destinado al fracaso. Pero el asunto no se queda ahí.

Un esfuerzo de transformación requiere la consideración de muchos factores. Los "transformadores" necesitan asegurarse que el proceso que siguen necesariamente los llevará a tomar esos múltiples factores en cuenta. La manera en que deben canalizar sus energías para asegurar que la iniciativa de transformación sea exitosa es el tema del próximo capítulo.

UN ENFOQUE DISRUPTIVO PARA LA TRANSFORMACIÓN ORGANIZACIONAL

En el capítulo anterior, se explicó la naturaleza de la organización tradicional y sus características. Se contrastó eso con el concepto de vertiente de valor y la naturaleza de una organización disruptiva. Subsiguientemente, se detallaron las ventajas de una organización estructurada bajo el nuevo concepto. Pero su empresa no está estructurada de esa manera ahora. Inclusive, es posible que no vea razón para cambiarla, especialmente si no ve "problemas" en el horizonte.

Sin embargo, se ha establecido que ni la incidencia de cambios ni su velocidad son factores que se pueden controlar. Los cambios, especialmente los disruptivos, sorprenden de manera repentina y su propia naturaleza los define como no predecibles. Por lo tanto, el sano juicio administrativo dicta que un líder que dirige de manera prudente se debe preparar.

¿Se debe hablar de cambios o de transformación?

La preparación que se efectúe no debe ser una que desperdicie recursos ni esfuerzos. Debe ser de naturaleza tal que le provea ventajas competitivas aun si no se avecina un cambio disruptivo. Pero también debe proveerle la capacidad de reaccionar con agilidad e iniciativa a cualquier cambio disruptivo que se presente.

El proceso preparativo también puede representar el primer paso para reestructurar su organización, ya sea para poder reaccionar más ágilmente o para, inclusive, generar su propio cambio disruptivo y dominar su industria. Por eso es que la toma de decisión en cuanto a iniciar un proceso preparativo no se puede dilatar.

¿Reestructurar o transformar?

La recomendación es clara. Usted debe transformar su organización a una enfocada en vertientes de valor. Eso, de por sí, va a generar un cambio disruptivo interno. A la misma vez, lo va a posicionar a la vanguardia de las empresas en su industria. El completar la transformación exitosamente también le permitirá beneficiarse de las muchas ventajas que este tipo de reestructuración ofrece. Pero no hay dudas que el proceso será disruptivo.

La ventaja que tiene la generación de un proceso disruptivo interno reside en el hecho que manejarlo le va a proveer con la experiencia administrativa producto de la participación en cambios de esta naturaleza. Ejercitará el liderazgo suyo y de su equipo y les llenará de confianza en la capacidad de su gente de navegar exitosamente por estos caminos nuevos y peligrosos.

La Necesidad De Integrar

Procurar efectuar una transformación organizacional por segmentos aislados no tiene sentido. La empresa – la gente que la compone – es un todo. Ese todo hay que verlo como lo que es: un conjunto de personas con propósito común, unos procesos que residen en sus memorias (y en los expedientes o bancos de datos de la organización) y una tecnología que facilita la ejecución de esos procesos. Por lo tanto, cuando se habla de transformación, se tienen que considerar esas dimensiones vitales de lo que se llama la organización.

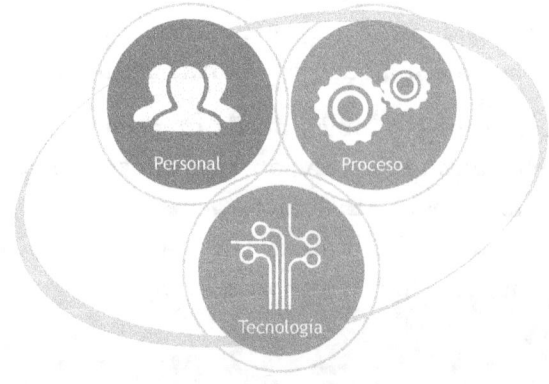

La transformación más importante es la transformación de la gente. Recuerde, la premisa fundamental es que la gente ES la organización. Sin ellos, nada ocurre. Esa transformación conlleva tomar en cuenta no solamente sus conocimientos y destrezas. También tiene que tener en cuenta la cultura imperante, las estructuras informales y los líderes informales. Pero, sobre todo, tiene que considerar la manera en que esas personas se agrupan y se comunican en el proceso de crear valor para sus clientes. Esta dimensión de la transformación es vital.

Acompañando esa transformación están las políticas y procedimientos – que conjuntamente se llamará "los procesos" – que estipulan y formalizan la manera de operar y la forma en que se dan las interacciones. Estos hay que examinarlos en su totalidad, sin piedad ni nostalgia. Ese conjunto de "procesos" es la segunda dimensión.

La tercera dimensión es la tecnología que respalda todos los procesos existentes, tanto los relacionados con la creación de valor como los relacionados con la interacción de las personas. En algunos casos, la tecnología existente puede funcionar como estorbo. Ese estorbo puede ser a la buena ejecución de las personas, pero también puede ser un estorbo al progreso. El rol clave de la tecnología la convierte en la otra dimensión que se tiene que examinar en su totalidad. Si se desea tener una transformación exitosa, ese examen tiene que ocurrir sin ideas preconcebidas o prejuicios particulares.

Estas tres dimensiones del proceso de transformación representan la integración que es tan necesaria para una transformación exitosa.

Enfocando El Esfuerzo De Transformación

Cualquier esfuerzo de transformación requiere la atención concentrada. Es una labor delicada que busca cambiar "el orden de las cosas". Involucra a toda la gente que crea la organización.

No es una labor que se efectúa aleatoriamente o "según nos mueva el viento". Requiere de muchas destrezas, de un proceso, de una metodología.

La palabra "metodología" se deriva de la palabra "método". Un "método" es una manera particular de lograr algo o de enfocar o abordar un asunto. Esa "manera" es, por lo general, sistemática, y conlleva algún nivel de planificación.

Una metodología, pues, es la recopilación de esos métodos con el propósito de lograr un fin específico. Nosotros tenemos esa metodología. Y tiene como propósito el enfocar su atención en tres cosas importantes:

- La disrupción.
- La transformación organizacional.
- La manera en que prepara a su organización para enfrentarse al ambiente tan cambiante que caracteriza la economía ahora.

Esa metodología tiene tres componentes principales:

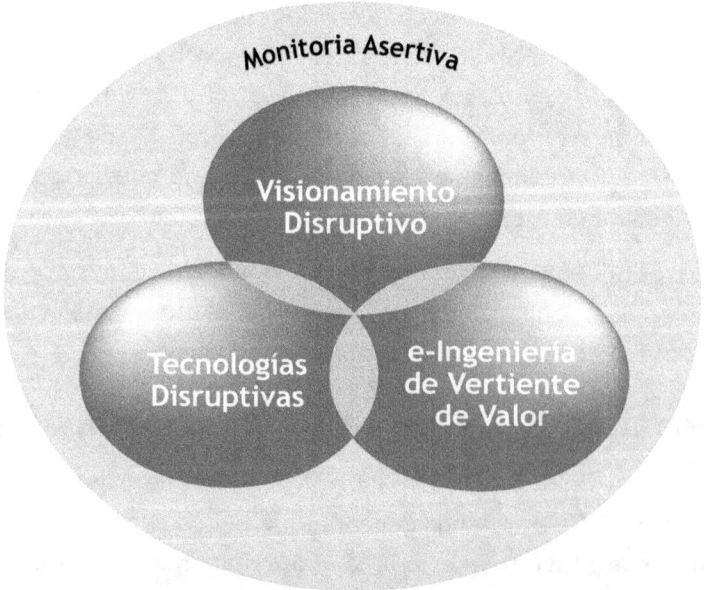

- Visionamiento disruptivo
- Tecnologías disruptivas.
- e-Ingeniería de las vertientes de valor

Esos tres componentes se respaldan, cada uno a su manera, por un subcomponente de Monitoria Asertiva.

Se van a discutir cada una de estas piezas para que se comprenda su significado y rol en el proceso de transformación.

Visionamiento

Cada viaje requiere un punto de partida. También requiere un destino final. Y por supuesto, requiere una ruta para llegar del punto de partida al destino final. Esas son las herramientas que le provee el primer componente de la metodología. Con un conocimiento pleno de dónde está, con una visión clara del objetivo deseado, y con un plan que contempla sus estrategias y el diseño operacional para lograr el objetivo, nada puede detener su marcha.

Lo primero es entender en dónde se está. Eso va a ayudar mucho a determinar dónde se quiere ir. Como esto es un planteamiento conceptual que puede ser difícil de visualizar, se va a examinar en forma de ejemplo.

Enfocándose Durante El Visionamiento

Antes de emprender el proceso de transformación, tiene que enfocar su atención en varios aspectos de su organización. Su punto de enfoque principal en el caso de una transformación disruptiva es sencillo. Se resume con la pregunta "¿En qué negocio estoy?"

Parece sorprendente, pero mucha gente no conoce en que negocio está. Si no conocen el negocio en que están, entonces no pueden visualizar posibilidades más allá de lo que están haciendo ahora.

Por ejemplo, si uno le preguntaba al gerente de una tienda de

Blockbuster (cuando todavía existía) el negocio en que estaba, la contestación era predecible. Estaba en el negocio de alquiler de DVDs a personas que entraban a solicitarlos por un tiempo determinado. Con esa contestación, de habérsele preguntado como "transformar" su negocio, la contestación pudo haber girado sobre el mejoramiento de sistemas de inventario, o de maneras de asegurar que no se robaran los DVD.

Ahora, si la contestación a la pregunta hubiese sido: "Estoy en el negocio de proveerle entretenimiento a la gente", las posibilidades de transformación se abren de manera asombrosa.

Por el hecho que Blockbuster ya no existe como empresa, se puede inferir que su contestación a la pregunta fue la versión limitada inicial que se presenta.

Pero el ejemplo demuestra la importancia de saber el negocio verdadero al cual la empresa está dedicada. Si existe una impresión equivocada en cuanto a eso, las consecuencias pueden ser nefastas.

Otro ejemplo. RedBox adoptó el modelo conceptual de Blockbuster, pero le hizo cambios dramáticos. Entre esos cambios, redujo costos e incorporó conveniencias. Al sustituir tiendas por quioscos automatizados, eliminó el gasto de tiendas y de personal. Al requerir pago con tarjeta de crédito, se protegió del riesgo de no devolución. Al colocar los quioscos en áreas de alto tráfico, como en supermercados y tiendas de comestibles (Kroger, Publix, 7-Eleven), farmacias (Walgreens, CVS) y tiendas de mercancía general de cadena (Walmart), se aseguró de tener un alto volumen de clientes potenciales. Al colocar muchos de sus quioscos en lugares con accesibilidad 24 horas al día, proveyó una flexibilidad en la entrega con confirmación, que se le dificultaba a Blockbuster.

El primer intento de Redbox en el negocio de "streaming" (el modelo de Netflix) no le fue exitoso por razones muy extensas para discutir aquí. Lo descontinuaron en el 2014. En el 2018, intentaron adoptar el modelo de "streaming" nuevamente, sin la obligación de una suscripción mensual. Bajo el nombre de

"Redbox on Demand" el servicio se sigue prestando en el 2019. Se hace evidente que Redbox contestó la pregunta de "en qué negocio estamos" con "estamos en el negocio de entretenimiento".

Contestada esa pregunta, fueron más allá para buscar tecnologías que podían contrarrestar las desventajas que identificaron en el modelo de Blockbuster. El resultado fue los quioscos automatizados. También definieron "entretenimiento" para incluir juegos de consola y de computadoras. Y la revista PC World publicó un artículo donde indicaba que utilizar los juegos de Redbox le ahorrarían dinero al cliente, al comparar esa opción de alquiler con la de compra.

No hay duda de que cambios en las preferencias de los consumidores y mejoras en la tecnología ya están dando avisos que el negocio tradicional de Redbox – el alquiler de DVDs – muy bien podría ir por el camino de Blockbuster. Pero, por ahora, todavía ofrecen el costo más barato (exceptuando la "piratería") para ver películas de estreno. También está por verse si su modelo de "streaming" tiene éxito.

Como Nos Vemos Hoy Afecta Como Nos Vemos Mañana

La lección a extraer de estos ejemplos es que la manera en que se contesta la pregunta "¿En qué negocio estoy?" va a tener un impacto directo en la capacidad de manejar eventos disruptivos. Aunque los ejemplos se limitaron a la industria de entretenimiento, la pregunta fundamental es aplicable a cualquier industria.

Otra manera de examinar "dónde estamos" es enfocándose en el cliente externo. La pregunta que tiene que hacerse en este caso es la siguiente: ¿Qué problema le resuelvo yo (como empresa) al cliente?

Esta pregunta es una variante de la primera, pero ofrece otro camino que se puede explorar para determinar su contestación. Pero si usted la examina, notará que su contestación lo que le indica es cuál es su punto de partida.

Obviamente, este componente metodológico no se limita a estas preguntas. Lo que se está demostrando con estas preguntas es el enfoque. La metodología entra en muchísimo más detalle. Explica distintas técnicas que se pueden utilizar para llegar a la contestación de estas y otras preguntas que son importantes en el proceso de entender dónde estamos. Pero lo que se busca en este libro es que comprenda, conceptualmente, el camino que tiene que andar.

Una vez conoce claramente su punto de partida, puede explorar las múltiples posibilidades que le ofrece el futuro. Pero antes, tiene que hacer uso del segundo componente metodológico.

Tecnologías Disruptivas

El enfoque en este segundo componente es un poco distinto al anterior. En el primero, se busca identificar dónde estamos. En el segundo, la pregunta esencial es "¿Qué hay por ahí en etapa de implantación o en etapa final de investigación que puede afectar el negocio en el que estoy?"

Para contestar esta pregunta, tiene que saber en qué negocio está. Y esa información la obtiene con la primera parte del primer componente. Pero si sabe eso, es mucho más fácil hacer ejercicios analíticos con grupos de trabajo que pueden examinar alternativas, posibilidades, y efectos de cualquier tecnología.

Obviamente, tiene que hacer un esfuerzo investigativo para asegurarse que ninguna de las tecnologías que pueden afectarlo se le escapan. Pero inicialmente, no debe descartar ninguna de las que encuentre. Existen ejercicios creativos que exploran posibilidades. El efectuar algunos de esos ejercicios con tecnología que, de primera intención, no aparenta tener relación alguna con el negocio, puede resultar en hallazgos asombrosos.

Se sigue con el ejemplo de la industria de entretenimiento con el cual se empezó. Eso da sentido de consistencia. Conociendo que ese es el negocio en el cual estamos, se pueden hacer preguntas como las siguientes:

- ¿Qué tecnologías existen para proveer entretenimiento en el hogar?
- ¿Qué tecnologías en desarrollo están cerca de implantación?
- ¿Qué potencial tiene la tecnología en desarrollo de cambiar el mercado de entretenimiento?
- ¿Qué puedo hacer para prepararme para esa nueva tecnología?

Lo interesante de trabajar con estas preguntas es que entrelazan el segundo componente con el primero. Al explorar posibilidades, también está estableciendo parámetros indirectos referente a posibles direcciones futuras.

Esa característica, la de entrelazar los componentes, es lo que hace la metodología única en su enfoque. Y obviamente, la metodología incluye segmentos que discuten aspectos de planificación, de desarrollo de estrategia tecnológica y demás. Pero hay un punto importante que se debe entender. Es el siguiente: sin un proceso integrado analítico y sin una visión clara de lo que se quiere lograr, todas las "metodologías" del mundo no le van a ayudar. Las metodologías – y los facilitadores que las conocen – son útiles en tanto y en cuanto son capaces de maximizar el esfuerzo de su gente – de su organización, que es lo mismo – en buscar alternativas futuras.

Pero es importante volver a las preguntas de ejemplo. Con lo que se explica en la sección anterior, ya puede ver cómo preguntas como las indicadas le pueden abrir puertas a las personas en la industria de entretenimiento. Habiéndose despojado del concepto de "mi negocio es alquilar DVDs", pueden mirar el potencial de nuevas tecnologías con una perspectiva completamente diferente.

Otra pregunta importante depende de la monitoria que se hace del desarrollo de distintas tecnologías que pueden estar, pero que no necesariamente tienen que estar, relacionadas con el negocio de la organización. La pregunta también es sencilla a primera vista, pero requiere energía mental y tiempo para contestarse correctamente: ¿Qué oportunidades crea para mi negocio esta tecnología?

Si se continúa con el ejemplo de entretenimiento que se ha escogido como tema, se aprecia como el fenómeno de Pokemon fue producto de adelantos en la tecnología de realidad virtual. Esta es una tecnología que se está explotando de distintas maneras en el campo del entretenimiento. Pero – nuevamente – alguien tuvo que estar pendiente al desarrollo de la tecnología. Alguien tuvo que estar pendiente al cambio en los gustos o preferencias de los clientes existentes y potenciales. Y alguien tuvo que desarrollar una idea, creer en ella, y llevarla al mercado para ver si pasaba la "prueba de fuego".

Estas dos preguntas – y otras que son parte de la metodología – tienen que contestarse desde el punto de vista "libre". Ese punto de vista es uno libre de las ataduras, de los procesos, de los conceptos y de los modelos de negocio existentes.

Los modelos de negocio existentes y sus procesos son los que son. La transformación disruptiva no se logra mirando hacia el pasado. Se logra mirando las posibilidades del futuro y determinando las habilidades y destrezas que se tienen que desarrollar para aprovechar la tecnología o los mecanismos organizacionales.

No se puede perder de vista que la organización es la gente. La manera en que se organizan y la tecnología que se pone en sus manos van a depender de la capacidad de visualizar posibilidades. ¿Qué posibilidades? No se sabe. No se pueden anticipar. Precisamente por eso son disruptivas. Pero si se maximiza el potencial hoy... y se optimiza la organización hoy... se estará en mucha mejor posición de explotar el potencial del futuro cuando se detecte.

Se aprecia el uso de la palabra "visualizar" en este párrafo anterior. Esa palabra demuestra la interrelación que existe entre los componentes de la metodología. La transición de este componente al primero (para poder continuar el proceso de visionamiento), se hace con la siguiente pregunta:

> ¿Cómo puede cambiar esa tecnología mi modelo de negocio?

La pregunta parte de varias premisas. Primero, que ha logrado encontrar una tecnología que podría ser aplicable a su negocio. Segundo, que la tecnología es de una naturaleza tal que tiene el potencial de crear disrupción en su industria. Y tercero, que usted está dispuesto a explorar el impacto de esa tecnología en lo que está haciendo ahora.

Cuando usted da ese paso, cuando contesta esa pregunta, entra nuevamente en los conceptos que se cubren en el primer componente de la metodología. Eso es integración y eso es visionamiento.

Pero el asunto no se detiene ahí. Hay que ver la aportación del tercer componente de la metodología.

e-Ingeniería De Vertiente De Valor

La primera palabra que llama la atención de este componente de la metodología es "e-Ingeniería". La "e" viene de "electrónica", que es la fuente detrás de todos los adelantos tecnológicos que se siguen desarrollando. La "ingeniería" se asocia con análisis, diseño, construcción e implantación. La combinación de las dos se utiliza para buscar una manera corta de referirse a la incorporación de los últimos adelantos a los procesos de negocio.

Eso lleva a la segunda parte del nombre del componente: "vertiente de valor". Ese concepto se explicó en el capítulo anterior. Se describe como un conjunto de actividades que colectivamente crean valor para el cliente. Se le atribuyen ciertas características. Pero lo importante a entender es que la vertiente de valor <u>optimiza</u> el proceso mediante el cual la organización le suple un producto o servicio al cliente.

Al optimizarlo, está maximizando la efectividad y la eficiencia de su organización. Por eso es tan importante el organizarse bajo el concepto de vertiente de valor. Ese es el preludio a la maximización de su potencial. Porque con este componente de e-Ingeniería, se le añade otro nivel de energía y capacidad a la organización. Dicho de otra manera, la e-ingeniería aplicada a la vertiente de valor permite habilitar la facultad disruptiva de la empresa y trastornar el mercado en que opera.

Al igual que en los otros componentes, la metodología, en este caso, tiene muchísimos detalles referentes a características, técnicas, métodos y propósitos. Esos son importantes una vez se entra en la ejecución especifica de una labor de e-Ingeniería. Pero para propósitos de este libro, lo que es importante es comprender:

- Primero, la relación entre la visualización y la tecnología disruptiva.

- Segundo, la relación entre la e-Ingeniería, la tecnología disruptiva y la visualización.

Eso puede parecer una referencia circular, pero no lo es. Lo que ocurre es que estos tres componentes se interrelacionan. Su utilización resulta en un conjunto de iteraciones que crean una sinergia al momento de creación de la nueva organización disruptiva.

La e-Ingeniería puede verse como el componente más "mecánico" de los tres mencionados. Como implica su nombre, es el componente que ayuda a articular el producto de la visión de dónde se quiere estar. Permite integrar esa visión con la tecnología que la puede habilitar. Y esa integración se incorpora luego a las vertientes de valor que serán objeto de la transformación.

Ese proceso... el de moverse de visión a diseño y de diseño a nueva realidad requiere de un proceso de planificación. La metodología provee detalles con relación a las maneras más efectivas de canalizar los esfuerzos para lograr los resultados óptimos. Pero, nuevamente, este libro no pretende reproducir la metodología. Lo que busca es lograr la comprensión conceptual de lo que conlleva el crear una organización disruptiva.

Monitoria Asertiva

Los tres componentes fundamentales de la metodología que se han descrito no operan en un vacío. Se ha señalado lo interrelacionados que están y cómo se pasa de uno a otro durante el proceso de establecer la dirección en que se va y en el desarrollo del plan para llegar ahí. Componentes interrelacionados y el movimiento de uno a otro requieren de unos mecanismos de monitoria que aseguren el flujo efectivo del proceso analítico, del proceso de planificación y del proceso de ejecución.

Se le llama "asertivo" a ese proceso porque, contrario a la monitoria tradicional, requiere de una postura y de una actitud de constante atención y cuestionamiento. El propósito de esa postura es igualmente sencillo de comprender. Busca asegurar, en todo momento, que los ejercicios de transformación no se detienen. Que el proceso analítico explora todas las alternativas. Que el proceso de planificación contempla las distintas posibilidades. Que la ejecución va a cumplir el objetivo originalmente trazado.

Las iniciativas de transformación son polifacéticas en su alcance. Tocan distintas áreas de interés. A veces es difícil mantener a todos los esfuerzos sincronizados. Ese es el rol de la monitoria asertiva. Mas que una metodología es un estado mental o una actitud que se incorpora en cada uno de los componentes de la metodología. Pero su presencia es vital para asegurar el éxito bajo las mejores condiciones.

Integrando El Enfoque

Al inicio de este capítulo, se habla de la necesidad de integrar los tres componentes de la organización: su gente, sus procesos y su tecnología. Se explica que no se puede aislar un componente de la organización de otro. Cada uno tiene un rol que jugar en el todo.

Y solamente la existencia de los tres componentes crea el todo.

El mismo concepto es aplicable a la metodología que, a grandes rasgos, se ha descrito. La organización por vertiente de valor, el visionamiento, el análisis de la tecnología y la e-Ingeniería de las vertientes de valor son los componentes fundamentales de un enfoque disruptivo de transformación. Dejar fuera cualquiera de esas piezas disminuye la capacidad de cualquier organización de convertirse en un ente disruptivo en el mercado donde opera.

Los componentes del enfoque se entrelazan y se complementan. El uso de esos componentes no es un proceso lineal. Es un proceso de integración donde los componentes "progresan" juntos. El "camino crítico" de la metodología – y, por ende, del enfoque – cruza las fronteras de cada componente en repetidas ocasiones. La monitoria asertiva sirve para mantener a todos en el rumbo correcto para lograr el objetivo final.

El enfoque integrado está diseñado para lograr resultados. El único ingrediente que falta es la creatividad y el propósito común... y eso lo pone usted.

LA DISRUPCIÓN EN LA PRÁCTICA

Poniendo En Práctica El Cambio Disruptivo

Iniciamos El Camino

Si usted ha decidido emprender el camino de la disrupción, tiene que prepararse. Por su investigación del tema, ya ha aprendido que los cambios disruptivos tienen dos modalidades: los que ejecuta reactivamente y los que ejecuta proactivamente.

En el caso de los cambios que ejecuta por <u>reacción</u>, su empresa se convierte en una víctima de circunstancias creadas por otros. Algún competidor existente – o una empresa que es nueva en el espacio competitivo – ha creado una transformación que le permite:

- Proveer el mismo producto o servicio que usted provee.
- De una manera que es más conveniente y/o menos costosa (o ambas).
- Para el mismo sector del mercado que usted, hasta la fecha, ha servido.

Alternativamente, ha creado un producto o servicio que sustituye el suyo o lo hace obsoleto.

En el caso de las transformaciones <u>proactivas</u>, su empresa se convierte en la generadora de la innovación que toma por asalto el sector del mercado en el que opera. Es su empresa la que genera las innovaciones que se convierten en la disrupción que otras empresas tienen que manejar.

Analizando esas opciones, usted decide que es preferible ser proactivo en cuanto a cambios disruptivos se refiere. El que es proactivo tiene la ventaja tanto en la iniciativa como en el posicionamiento en la mente del cliente. Pero se pregunta, ¿estaremos preparados para emprender esta jornada?

Estudia la situación en su empresa y se da cuenta que su organización tiene una estructura tradicional. También nota que sus políticas y procedimientos responden a esa estructura. Le preocupa que su empresa no sobreviva "cambios drásticos"; que se le hará difícil manejar las exigencias del mercado que puedan surgir de innovaciones de impacto.

A la misma vez, entiende y reconoce que la organización por vertientes de valor es fundamental en dos aspectos importantes. Primero, le permite a su organización el optimizar su funcionamiento tal y como existe hoy. Segundo, establece las bases para la transformación disruptiva de su organización. Por lo tanto, en vez de enfocarse inicialmente en cambios que afecten el ambiente externo, opta por llevar a cabo – primero – un cambio disruptivo interno.

Llega a esta conclusión basándose en un punto fundamental. Ese cambio disruptivo interno va a crear disloques dentro de la organización. Usted está en la disposición de aceptar esos disloques por tal de crear una plataforma empresarial que lo prepare para el futuro. Además, reconoce las ventajas operacionales que le dará ese tipo de organización. Sabe que, a más largo plazo, una estructura alineada con las vertientes de valor de la empresa, le provee con la agilidad y la flexibilidad necesaria para transformar su organización con menos dificultad. Sabe que la nueva estructura se puede convertir en la base necesaria para generar un cambio disruptivo que le puede permitir dominar el ambiente externo en su mercado.

Ahora bien, ese es el escenario. Ese es nuestro punto de partida para este capítulo. Todo lo demás gira en torno a ese "cuadro". Pero es importante señalar que la situación que se acaba de describir no es ficticia. Está tomada de la vida real. El seguir, en términos generales, el proceso de cambio disruptivo que se describirá a continuación, le dará un buen ejemplo de cómo llevar a cabo un proceso similar en su propia empresa.

Es necesario aclarar otro punto antes de iniciar la jornada. Se ha estado hablando de la transformación disruptiva de la "organización". Es posible que esto se interprete como que este nivel de transformación "solamente" es posible a nivel "empresarial". Sin embargo, eso no tiene que ser así. Las empresas son diversas. En algunas, unos sectores están más receptivos a la idea de transformación que en otros. Como ejemplo, puede que las unidades que trabajan directamente con los clientes tengan mayor conciencia de la necesidad de transformación que otros que están más aislados de las realidades del mercado.

En esos casos, es posible llevar a cabo una transformación en las unidades que tienen un impacto directo en el servicio o producto que se genera. Eso puede servir de incentivo a las otras unidades organizacionales que inicialmente podrían resistir una iniciativa de transformación.

En nuestra experiencia, existen dos casos que utilizaron este enfoque de "transformación segmentada" con éxito.

¿Cómo Hago Esto?

El proceso empieza con el reconocimiento de un hecho fundamental; quedarse inmóvil ante los cambios constantes en el ambiente comercial, en la tecnología y en todo su entorno, no es una opción. Usted sabe, en sus entrañas, que tiene que ajustar su empresa a estos cambios si la quiere mantener como empresa viable. Lo que necesita es, posiblemente, una "ayuda". Esa ayuda puede ser un conjunto de sugerencias de por dónde empezar o cómo proceder. Eso es lo que se propone ofrecer ahora. Se va a empezar con cosas que se tienen que reconocer.

RECONOCIDO: LA GENTE ES LA ORGANIZACIÓN

Se repite esto en innumerables ocasiones y se hace de nuevo por su importancia. Todo esfuerzo que busca transformar la organización tiene que empezar con el reconocimiento que la gente ES la organización. Eso significa que cuando habla de "transformar la organización" realmente está hablando de "transformar la gente". Todo esfuerzo de transformación significativa conlleva disrupción precisamente porque tiene que ver con el impacto que esa transformación tiene en los hábitos, costumbres, expectativas y la "zona de comodidad" de las personas que constituyen su organización. Usted y su equipo de líderes tienen que reconocer esa realidad... y la tienen que tener presente en todo momento.

RECONOCIDO: LA IMPORTANCIA DEL LIDERAZGO

Como la transformación de la "organización" no es otra cosa que trabajar con su gente, no se puede ignorar el rol clave del liderazgo en todo el proceso. Precisamente por su naturaleza disruptiva, este tipo de transformación se presta para confrontación, argumentación, expresión de puntos emotivos, manifestación de inseguridades implícitas y explícitas, y otra serie de experiencias que se pueden describir como chocantes. Como dirigente del proceso de transformación disruptiva, usted tiene que estar preparado para ese conjunto de experiencias. También tiene que anticiparle a su equipo de líderes que estas cosas van a ocurrir. Todos tienen que estar preparados para ejercer todo su liderazgo con el fin de afrontarlas con efectividad y con éxito, resolviéndolas de manera que aporten a los logros que buscan.

RECONOCIDO: ESTO NO ES LABOR DE "UN GRUPITO"

En los proyectos tradicionales, como los de implantación de sistemas y otros, la tendencia y costumbre dice que se asigna a un grupo pequeño de personas para que lleve a cabo "el trabajo". Luego, después de la "implantación", se "adiestra" a los demás y todo sigue "normalmente" ... por lo menos hasta que empiezan las quejas de que "el sistema no puede manejar esto" y hay que empezar a hacer cambios o modificaciones para "ajustar" el sistema a la realidad de los procesos de la organización.

Es posible que, para ese tipo de proyecto, ese método sea el menos ineficiente y logra los resultados. Los "grupitos" tienen distintos nombres – "equipo de trabajo", "SWAT team", "comité especial", etc. – pero conceptualmente, siguen el mismo patrón.

Sin embargo, cuando se trata de una <u>transformación</u> con efectos disruptivos sobre la empresa – que significa que las consecuencias de la disrupción afectarán a todos – ese enfoque ni funciona ni tiene sentido. Piénselo. Su gente es su empresa. La disrupción va a tocar de cerca a cada uno de ellos, a todo nivel, directamente. Pretender que se mantengan tranquilos y sin preocupaciones mientras su lugar de trabajo – su "mundo" – se altera de manera fundamental y disruptiva es un pensamiento ilusorio, por no decir ingenuo. Todos tienen que estar involucrados e informados. Ese nivel de involucramiento y de comunicación es lo que va a permitir que la empresa pueda pasar por un evento que claramente la dislocará temporeramente, con éxito.

RECONOCIDO: PARA SOBREVIVIR CON ÉXITO HAY QUE ACTUAR

Existen almas tímidas que no desean enfrentarse a las múltiples disrupciones que nos presenta la vida. Es obvio que, si usted está leyendo este libro, no se encuentra entre esos tímidos. También es obvio que reconoce la necesidad de actuar ante los retos que presenta el ambiente económico donde opera su empresa. Los retos se presentan de distintas maneras: avances tecnológicos, iniciativas políticas, decretos gubernamentales, conceptualizaciones nuevas; todas con el potencial de crear disrupción en su entorno.

Usted se ve en la obligación de, como mínimo, prepararse para enfrentar estos eventos. También puede prepararse para aprovechar estos eventos. Ahí es donde reconoce la necesidad de agilizar su "organización" – su "gente", como se ha dicho. Desea darles la capacidad de absorber el impacto de eventos disruptivos. Alternativamente, desea que puedan aprovechar nuevos conceptos, tecnología o cambios en el ambiente político, gubernamental o social, para darle una posición dominante a su empresa.

RECONOCIDO: EL VALOR DEL CONCEPTO DE VERTIENTES DE VALOR

Por lo que ha podido aprender en capítulos anteriores, se da cuenta que la organización de una empresa por vertientes de valor es la manera de efectuar una "transformación interna". El propósito inmediato de esa transformación es de optimizar el funcionamiento de su empresa, logrando ventajas operacionales fundamentales sobre sus competidores. Pero su empresa transformada en estructura le permite prepararse para transformar su industria. Le facilita el análisis de la aplicabilidad de nuevas tecnologías a su empresa, porque le permite examinar el potencial de la aplicación de nuevos desarrollos – ya sea tecnológicos o de proceso – a las vertientes específicas relacionadas con las destrezas estratégicas de su empresa. Eso lo lleva a la conclusión lógica que transformar la estructura de su empresa a una que gira en torno a vertientes de valor, es la acción que tiene que tomar. También reconoce que esa acción, de por sí, tendrá unas consecuencias disruptivas, pero las acepta con gusto. Sabe que la experiencia adquirida en el manejo de disrupciones es invaluable y fortalecerá su empresa.

Establezca Las Bases

Comunicación

El primer paso que tiene que llevar a cabo es <u>comunicar</u>. Tiene que comunicar varias cosas importantes de manera lógica y entendible:

- La naturaleza de los retos a los que se enfrentan, conocidos y por conocer.
- El impacto potencialmente disruptivo de esos retos.

- La necesidad de prepararse.
- El enfoque de vertientes de valor y sus beneficios.
- La necesidad de reestructurar la organización orientada a las vertientes de valor.

Esto no es algo que se hace en una reunión. Esto es el producto de un proceso de comunicación extendido. Ese proceso busca impartir información gradualmente, lograr que se entienda, lograr que se debata y lograr que la solución lógica emane. Su rol es uno de impartir información, fomentar su discusión, y lograr entendimiento.

Cada organización es diferente. Cada organización tiene sus estilos comunicativos. Lo que se hace aquí no es dictarle paso a paso cómo lo va a comunicar. Se limita a indicarle el contenido básico y el fin de la comunicación. Usted escoge, a la luz de su cultura organizacional, la mejor manera de llevar el mensaje.

Lo que sí es importante es que usted entienda el mensaje y que ciertas "personas claves" lo entiendan y lo hagan suyo. Se sabe que existen las estructuras formales, con sus posiciones y títulos, que tienen algunas "personas claves". Igualmente se sabe que no todos los que tienen títulos necesariamente son "personas claves". Pero dentro de esas estructuras formales, frecuentemente existen estructuras informales pobladas de ciertas "personas influyentes". Con frecuencia, esas personas resultan ser también, "personas claves".

Lo que usted busca es lograr que el mayor número posible de esas personas claves lleguen a la conclusión – por convencimiento propio – que lo que usted propone, (a) hace sentido, (b) se debe hacer y (c) va a redundar en beneficios. No tiene que convencer a TODAS las personas claves e influyentes, pero debe tener una buena mayoría (del 60-70%) convencidas.

Este paso se ignora a su propio riesgo. Recuerde el precepto básico: la gente ES la organización. La gente ES la empresa. Si va a transformar a la empresa, tiene que contar con la gente. Inicialmente, quizás no pueda contar con TODA la gente, pero en la medida en que se ven beneficios, los argumentos de los que dicen "No" se desvanecen ante los hechos que demuestran las ventajas.

De hecho, precisamente por esa razón es que algunas empresas – las que tienen un tamaño y organización que se los permite – reestructuran un segmento clave de la misma… es decir, una división. Entonces la utilizan como modelo, para mostrarle al resto de la organización los beneficios logrados y la experiencia adquirida.

NO obvie el paso de la comunicación. La gente es la empresa.

Diseminación

La próxima etapa es difundir el mensaje a través de ese personal clave y personal influyente. La idea es lograr que se esparza el mensaje por toda su "cadena de mando" y por varios medios. Por ejemplo, en un caso de la experiencia, un delegado departamental de la unión de la empresa se convenció de los beneficios que representaba la reestructuración. Aunque reconoció que sería disruptiva, no solamente promovió la idea, sino que aportó con sugerencias e ideas adicionales que sirvieron para mejorar la conceptualización original. El que un delegado de la unión comunicara "lo que se estaba planeando" sirvió para darle mayor credibilidad al concepto ante algunos que se mostraban escépticos con los comunicados de la gerencia.

Obviamente el grado de apertura en los procesos comunicativos de su empresa van a determinar cuan posible es que algo así ocurra en su caso, pero se presenta para que esté consciente que puede ocurrir.

Inicie El Trabajo

Análisis

Se debe poner este paso en contexto. Se recuerda el escenario que se ha establecido para este ejercicio conceptual. Ya ha decidido que su objetivo es organizar a su organización por vertientes de valor. La idea de esa reestructuración disruptiva está diseminada por la organización. Por lo tanto, el análisis al cual se refiere aquí es el que hay que hacer para viabilizar esa reestructuración.

Los detalles de cómo hacer el análisis trascienden el alcance de este libro. Esos detalles pueden variar por tipo de negocio y por el tipo de estructura organizacional existente. Como no es práctico cubrir todas las posibilidades, se limita a señalamientos generales. El concepto es que las unidades operacionales se realinean para crear una vertiente de valor que cumple con los parámetros y características establecidos en el capítulo La Estructura Organizacional Disruptiva.

En esta etapa, muchas empresas emplean la ayuda de expertos y especialistas conocedores del concepto de vertientes de valor. Otras lo intentan por su cuenta. Lo importante es que el análisis se haga bien, que contemple todas las posibilidades, y que sea consistente con el marco conceptual de vertientes de valor.

Por ejemplo, en los casos en que se decida empezar por una división particular de la empresa, es importante contemplar aquellas actividades que podrían ser parte de la vertiente de valor, aunque esas actividades – en el presente – le correspondan a otra división. Una vez se identifican como parte de la vertiente en particular que se esté configurando, se pueden incorporar a las negociaciones y acuerdos administrativos que se efectúen para viabilizar la vertiente de valor.

Los procedimientos específicos para llevar a cabo este análisis no son parte de un libro conceptual como este. Se encuentran en la metodología, descrita previamente. Por eso, los que deseen ayuda adicional con el proceso de análisis, pueden coordinar con los especialistas apropiados. Sin embargo, sí hay un factor importante en todo este proceso analítico que no se puede obviar. Es un elemento <u>clave</u> – y se quiere recalcar el punto – el que los afectados, los líderes de las unidades que pueden ser objeto de reubicación o cambio sean participantes <u>activos</u> en el proceso analítico.

Nuevamente, su organización es "su gente". No se le tienden emboscadas a la gente que forma parte del equipo propio. Se les informa. Se les involucra. Se les hace partícipe. Pero no se les sorprende con alegadas "soluciones" que se elaboran a sus espaldas. Los directores departamentales, los gerentes, los supervisores, todos <u>tienen</u> que estar involucrados. Ellos son los que van a hacer que el producto final – la reestructuración por vertientes de valor – funcione. El excluirlos del proceso no es una alternativa.

Discusión

Una vez tenga la vertiente (o las vertientes) de valor identificada(s) y elaboradas de manera preliminar, dibújelas. Cree una gráfica que la presente conceptualmente. No tiene que ser una gráfica detallada. Basta con que demuestre el flujo de las transacciones o productos. También debe mostrar las interacciones importantes, tanto con los clientes como con las distintas unidades de trabajo que componen la vertiente. Luego, sométala a discusión con los distintos departamentos o unidades de trabajo que la componen y que se afectaran cuando se implante.

Aunque en la fase analítica se va a empezar a generar un grado de disrupción entre el personal, la generación de la gráfica y su discusión puede representar un problema disruptivo serio si no se maneja bien.

Antes de la gráfica, la reestructuración es una idea, un concepto, una abstracción. Puede sonar bonito, pero no es tangible. No representa un cambio potencial... ni una amenaza. La gráfica lo hace visible... y tangible. También hace visible sus posibles consecuencias. Su gente no es ni ciega ni ingenua. Van a ver la gráfica y van a reaccionar a la misma. Una posible reacción, tomada de la experiencia, pero ligeramente disfrazada, es decir, "Si las cosas fluyen de esta manera, no hace sentido que la sección "X" reporte a mí. Si no me reporta a mí, me la van a quitar. Si me la quitan, se reduce la gente bajo mi mando en un 40%. Si eso pasa, soy menos importante, y quizás innecesario. ¡Esto no puede ser!"

Las consecuencias de ese tipo de pensamiento van a generar situaciones disruptivas que usted no se imagina ahora. Las inseguridades, las dudas, las inquietudes... todas van a manifestarse y dejarse percibir. Habrá algunas oposiciones fundamentadas en la reacción emocional o en la percepción (por más equivocada que sea). El manejo de estas situaciones va a ser importante para el éxito. El ver a su gente en estado de agitación (y ver qué actitudes y posiciones asumen cuando se encuentran en un ambiente disruptivo) y el poder manejar y resolver esas situaciones favorablemente, le proveerá tanto la oportunidad como la experiencia de identificar destrezas que le serán útil más adelante.

No es raro ver llantos, discusiones entre pares, actitudes de "me quieren fastidiar" y otras manifestaciones durante el proceso. Tiene que manejarlas y mantener el control de la organización, porque tienen que seguir operando durante la transformación. Si no los puede manejar, la organización dejará de ser efectiva. El arte consiste en apaciguar ánimos, presentar argumentos sólidos, hablar de los beneficios futuros (tanto inmediatos como a más largo plazo) y calmar a los que están alterados porque perciben que la transformación "le puede quitar el trabajo".

Por supuesto, también va a recibir comentarios constructivos que tienen como propósito el mejorar el flujo de la vertiente. Considérelos todos e incorpore los que hacen sentido. Cuando termine, tendrá una vertiente de valor (o todas sus vertientes de valor) optimizadas con el insumo de la gente que día a día se enfrenta los problemas reales de su empresa.

Ejecución

Planificación

Hasta la fecha, el proceso de transformación ha sido primordialmente conceptual. No es hasta el final del proceso descrito arriba que se llega a algo más tangible – a un diagrama de la nueva vertiente de valor (o las nuevas vertientes de valor). Ahora se ha llegado al momento en que hay que convertir ese diagrama en una cosa real; en algo que ocupa espacio virtual o físico dentro de las facilidades de su empresa.

La manera de convertir lo conceptual en lo real es creando un plan que luego se va a ejecutar. Ese plan es, por un lado, estratégico. Afecta el negocio fundamental de su empresa y alinea la visión de lo que la organización debe hacer con lo que hace. Pero su plan también tiene que ser táctico, porque estipula acciones específicas que tienen que tomar las subunidades de trabajo para ocupar el lugar que les corresponde en la vertiente (o las vertientes).

El plan también tiene que ser operacional, porque tiene que sincronizar las distintas actividades tácticas para asegurar que las mismas se efectúan ordenadamente y de manera que se complementan. Por ejemplo, si se requiere un movimiento de las líneas de comunicación de un centro de cómputos para poder acomodar el nuevo flujo de trabajo, esto hay que hacerlo de manera sensata y coordinada para que no se detengan las labores de la empresa. Lo mismo ocurre si hay que co-localizar unidades de trabajo que previamente estaban distantes.

El plan debe tener flexibilidad y agilidad. Todavía no se ha podido confirmar la existencia de la capacidad de predecir el futuro. Ante la incertidumbre que eso implica, se debe tomar en cuenta la posibilidad del surgimiento de factores no predecibles que pueden afectar el esfuerzo de implantación.

El plan también debe proveer para el ejercicio de la <u>iniciativa</u>, especialmente en aquellos casos donde se identifican posibilidades o alternativas que no se contemplaron en el proceso de planificación original.

Otra característica del plan es la <u>profundidad</u>. El plan debe contener suficiente detalle como para guiar las acciones del personal en todos los niveles afectados.

El producto final de la etapa de planificación debe ser un documento que sirva de guía en el proceso de ejecución e implantación a todas las entidades afectadas.

Implantación

Una vez finalizado su plan, llega el momento de iniciar sus esfuerzos de implantación. Los componentes más importantes en esta etapa son:

- Coordinación y comunicación - Tenga en cuenta que su plan puede tener múltiples actividades que "cruzan barreras" tradicionales en su organización. La necesidad de coordinar y comunicar <u>antes</u> de llevar a cabo una acción en particular siempre debe ser parte de su esfuerzo de implantación.

- Monitoria asertiva – El concepto de monitoria asertiva incorpora la insistencia constante y proactiva al cuestionar la fuente y la confiabilidad de la información que se recibe. También incorpora la determinación de la validez de la relación de esa información con lo que realmente está sucediendo. Se puede desglosar su significado de la manera siguiente:

    o Monitoria Asertiva no es un producto o una técnica, es una <u>actitud</u>.

    o Esa actitud determinará la calidad de la información que se le provee.

- La actitud se activa mediante cuestionamiento constante y proactivo.

- El cuestionamiento va dirigido a validar la calidad y la precisión de la información.

La monitoria asertiva tiene como propósito la búsqueda constante de la realidad. El concepto empieza con la necesidad de saber; es decir, de conocer lo que está ocurriendo. Lo que "ocurre" se refiere a:

- El estatus de la ejecución del plan.

- Los problemas encontrados en su ejecución.

- La naturaleza especifica de esos problemas.

- Las personas especificas involucradas en la situación problemática.

En fin, todo lo relacionado con el plan que puede requerir su intervención como facilitador y líder con la autoridad de tomar decisiones y "hacer que cosas ocurran".

El concepto de "saber", a su vez, implica el tener conocimiento o información válida sobre el asunto particular sobre el cual está inquiriendo. La palabra clave en esa oración anterior es "válida".

Típicamente, la información abunda en cualquier organización. Sin embargo, esa información no necesariamente es precisa o completa. En un ambiente disruptivo enfrascado en una transformación organizacional, la oportunidad para empeorar la calidad de información que se transmite existe. En el peor de los casos, la información ni siquiera es veraz. Las razones por la cual la información no es precisa o incompleta, pueden ser varias:

- Errores de buena fe.

- Abundancia de presunciones.

- Deseos de proveer una contestación rápida, aunque no sea precisa.

- Querer dar la impresión de que se conoce algo.

- El hábito de contestar parcialmente.

- El deseo de no admitir o esconder malas noticias.

- Esfuerzos deliberados de engañar (no son muy frecuentes).

Se puede seguir enumerando posibilidades, pero estos ejemplos les dan una idea de lo que puede suceder. Fuera de los casos de engaño deliberado, prácticamente todas las posibles razones para información imprecisa surgen por hábitos de superficialidad por los que preguntan. No se enfatiza la insistencia en obtener información completa.

En el ejemplo que se está explicando, se encuentra en una transformación disruptiva. Las oportunidades abundan para confusión, malos entendidos, resistencia pasiva, hasta sabotaje deliberado, dependiendo del ambiente empresarial. Es de <u>vital importancia</u> que su monitoria del progreso de la implantación del plan sea asertiva, incansable y continua. La monitoria le da la información necesaria para conocer el estatus de progreso y las áreas de ejecución del plan que pueden estar enfrentando problemas:

- Control. El control le provee el poder de influir o dirigir el comportamiento de las personas o la dirección de ciertos eventos. En el caso de la ejecución de un plan que va dirigido a obtener cambios disruptivos, el ejercicio del control cobra mayor importancia. Por la naturaleza propia del cambio, se van a alterar – posiblemente de manera muy dramática – el "orden de las cosas". En el caso del ejemplo específico que se está considerando – un cambio disruptivo interno que pretende alinear a la organización con sus vertientes de valor – las alteraciones a la estructura organizacional serán significativas. En adición a los cambios a lo que tradicionalmente se conoce como "la cadena de mando", ocurrirán cambios logísticos - de movimiento físico de personal y equipo. También pueden ocurrir cambios en la infraestructura tecnológica, cambios en funciones y hasta la posible creación o eliminación de ciertas plazas y posiciones. Todos estos cambios, conjuntamente con los que no se han mencionado, causan disrupciones mayores dentro de la empresa. El control es el mecanismo que le va a permitir mantener el ritmo de progreso y el manejo del tiempo, en el proceso de implantación de su plan.

Rol de la Metodología

En todo el proceso que se ha descrito hay un elemento subyacente: la metodología que se presentó a grandes rasgos previamente. La metodología provee los detalles: los procedimientos, las prácticas, los ejercicios, la secuencia y las recomendaciones que se ajustan a las necesidades de la organización particular que la utiliza. La metodología muestra los componentes posibles del mapa a seguir en el proceso de transformación.

Aunque es posible efectuar esa transformación sin el beneficio de una metodología, ese camino está potencialmente lleno de obstáculos que hay que vencer, desvíos sin salida que hay que evitar y confusiones que hay que aclarar. El utilizar la metodología simplifica el proceso y evita que se desvirtúe por errores u omisiones.

El efecto neto del uso de una metodología es el sentido de seguridad que le da a los participantes que están procediendo de manera ordenada por un proceso disruptivo. El hacerlo de esa manera generalmente tiene el efecto de acelerar la obtención de resultados y minimizar la incidencia de problemas.

Informar Progreso

Una parte importante de la ejecución del plan de transformación interna es la de informar el estatus de progreso. Esa información debe llegarle tanto a los superiores, al nivel que sea, como a los pares y a los subordinados. La información que se provea será la base para determinar si se está progresando a tono con las expectativas expresadas en el plan. En cambio, se utiliza para indicar que ha surgido algún obstáculo que pueda requerir acción para su resolución.

La información que se supla será resultado de los mecanismos de control, del ejercicio de la monitoria asertiva y de las acciones (cuando se requieran) para mantener el plan progresando a tono con el itinerario establecido. La información que supla también estará atemperada a las necesidades de los que van a recibirla. El objetivo es comunicarle a cada usuario de su información justamente lo que necesita.

La palabra clave en el párrafo anterior es "comunicar". La labor de informar es una labor de comunicación. Como parte del rol de comunicador, se le transmite la información a cada receptor. Por lo tanto, es usted quien tiene que discernir el uso que cada usuario le dará a su información, y la mejor manera de proveerla.

Muchas veces, los superiores son el usuario más "fácil", desde el punto de vista de necesidad de información. Ellos quieren saber si el proyecto está cumpliendo con el itinerario que se les ha informado. Quieren saber si hay algún asunto con el cual ellos puedan ayudar (adjudicando recursos adicionales, por ejemplo). También querrán saber si se anticipa alguna situación que pueda poner en peligro el completar el plan. Si usted ha preparado un buen plan y si le ha dado una monitoria consistente, tener esa información disponible no debe constituir un problema. Su única "preocupación" debe ser cómo presentarla: en qué formato, con cuántos componentes gráficos, etc. La clave está en el plan y en su gestión como coordinador y propulsor del mismo.

Sus pares pueden requerir más información. Quizás necesiten información más específica referente a cuándo ciertos procesos se cambiarán o reemplazarán, para ajustarse a los nuevos flujos de información. Estas necesidades pueden ser en adición a la información general, presentada a sus superiores. Lo importante es entender cuál va a ser la necesidad de cada parte interesada y cómo presentársela de la manera más efectiva. De nuevo, la clave reside en el grado de participación que sus pares tienen en la ejecución del plan, la calidad del progreso del plan en sí y la pertinencia de la información que recopila de su equipo de implantación.

Los integrantes de su equipo también necesitan información regular. Esa información puede ser compartida en reuniones informales o en informes formales periódicos. Pero la función más importante del proceso de compartir información entre los integrantes de su equipo es la de permitirles coordinar, integrar y sincronizar sus esfuerzos.

La información también sirve para dejarles saber cómo van, cómo han progresado y qué les falta por hacer. Esa información les ayuda, además, a identificar problemas o embudos que otros integrantes del equipo pueden ayudar a resolver. La clave, nuevamente, reside en el plan: en cómo se sigue, en cómo se cotejan las actividades contra el mismo, y en cuán fielmente se mantienen dentro de sus parámetros.

Como puede notarse, el informar el progreso descansa

primordialmente sobre lo que se dijo en un principio que se haría... y compararlo con lo que se está haciendo. Lo que se ha dicho al inicio está recogido en el plan. Aquello que se está haciendo está recogido en la información que le llega de las acciones de su equipo (y las suyas, de ser pertinentes), en la información en sus mecanismos de medición, y en la información producto de su monitoria asertiva. Con esos elementos básicos, tiene lo necesario para informar a todos los concernidos.

Final

Todo plan bien conceptualizado y bien preparado tiene un fin. Tiene un fin porque el plan tiene objetivos y tiene fechas de cumplimiento de esos objetivos. Cuando usted logra los objetivos mediante las acciones que planificó, usted completa su plan. Los planes eternos no existen, y si existen, no son buenos planes. Por lo tanto, al finalizar la ejecución de un plan y lograr los objetivos trazados en el mismo, usted lleva a cabo varias actividades para formalizar el "cierre" de esta etapa.

Informe Final

En primera instancia, usted informa. Su informe de finalización de ejecución del plan debe detallar los propósitos del mismo y los objetivos específicos que se querían lograr al inicio del proyecto. Como se trata de un proyecto de cambio disruptivo, la naturaleza del cambio deseado debió estar especificada con bastante detalle en el documento que describe el propósito original. Ahora llega el momento de indicar, con detalles, cómo es que se ha logrado el cambio.

Su informe debe contener las métricas necesarias para indicar, sin margen a dudas, cómo los procesos y mecanismos implantados le permiten a la organización operar de la manera deseada. Una manera de hacer esto es comparar la capacidad operacional previa al proyecto de cambio, con la capacidad operacional después del cambio. Si, durante la ejecución del plan, su equipo ha encontrado oportunidades para maximizar ejecución como consecuencia del nuevo alineamiento organizacional, esas oportunidades también deben ser informadas.

La naturaleza de los cambios efectuados determinará el contenido y estructura del informe.

Es importante incluir en el informe el reconocimiento de la labor del equipo responsable por implantar los cambios. Se debe destacar de manera especial la labor de aquellos que se distinguieron por la naturaleza de sus logros y su impacto en el esfuerzo de cambio.

Celebrar Y Reconocer

En segunda instancia, usted celebra y reconoce. Celebra porque ha logrado un cambio disruptivo interno de mayor magnitud: la reestructuración de la empresa por vertientes de valor. Eso es un cambio mayor que afecta la manera en que la empresa lleva a cabo sus actividades de negocio. Aunque es un cambio disruptivo de naturaleza interna, puede tener ramificaciones externas que crean disrupción y disloques en el mercado en que opera.

Como ejemplo, hubo una empresa que llevó a cabo precisamente una reorganización interna en torno a algunas de sus vertientes de valor. Una de las actividades que llevaba a cabo la empresa era generar reembolsos a sus clientes por ciertos servicios por los cuales habían pagado. En su industria, estos rembolsos promediaban de 4 a 6 semanas en generarse. La empresa que nos concierne había logrado obtener cierta ventaja competitiva bajando su promedio de reembolsos a 2 o 3 semanas. No obstante, luego de su cambio disruptivo interno, la empresa logró bajar su tiempo para generar los reembolsos a 20 minutos, si se presentaba la petición en persona y a 3 días, si se enviaba por correo. Esto creó un efecto favorable inmediato en sus clientes. También les creo ventajas de posicionamiento en las mentes de los clientes de sus competidores. En la medida en que la empresa explotó su ventaja competitiva, logró capturar numerosos clientes significativos en su mercado y la colocó como primera en crecimiento en su industria.

Es por eso que resulta importante el reconocer la labor del personal que participa en la generación de un cambio disruptivo de esa magnitud. Alinear una empresa por sus vertientes de valor muchas veces tiene efectos no anticipados por los propios agentes de cambio. El potencial está ahí, limitado solamente por la creatividad y la iniciativa. Hay que celebrar ese potencial y hay que reconocer la labor de los involucrados.

Creación de Conocimiento Institucional

Las personas que participaron en la elaboración y ejecución del plan que generó el cambio disruptivo han adquirido una cantidad de conocimiento personal inmenso. Ese conocimiento es producto de varias cosas. Por un lado, están las experiencias que tuvieron durante la generación e implantación del plan. Por otro, están los errores que invariablemente cometieron y que subsiguientemente corrigieron durante el proceso de implantación. Ese cúmulo de conocimiento personal debe convertirse en conocimiento institucional.

La manera más efectiva de hacer esto es con una reunión del grupo, un tiempo después de las celebraciones y reconocimientos correspondientes. El propósito de dicha reunión es convertir el esfuerzo del proyecto en un ejercicio de aprendizaje. El objetivo de dicha reunión es institucionalizar la información. El ambiente debe estar libre de juicio. De hecho, no hace falta el juicio porque ya se celebró el éxito. Ahora lo que corresponde es documentar el proceso de aprendizaje.

La agenda para esta reunión es relativamente sencilla. Se trata de contestar las siguientes preguntas:

- ¿Qué cosas hicimos excelentemente?
- ¿Qué cosas hicimos adecuadamente, pero pudieron haberse hecho mejor?

- ¿Qué cosas hicimos mal?
- ¿Qué tendríamos que hacer en una ocasión futura para hacerlas mejor?

El formato de la reunión debe ser "lluvia de ideas" o "brainstorming". Primero se enumeran las cosas que se hicieron bien, sin juicio. Se hace lo mismo para las cosas que se hicieron mal. Finalmente, se enumeran las cosas que pudieron haberse hecho mejor, también sin juicio. Se regresa a lo que se enumeró como hecho mal y se recogen ideas de cómo hacerlo mejor en una ocasión futura. Se repite lo mismo para las cosas que pudieron haberse hecho mejor. Los resultados se consolidan y se circulan entre los participantes para comentarios adicionales. El coordinador general del proyecto emite un informe editado para referencia futura. Ese informe se convierte en el documento que transforma la experiencia de planificación e implantación en "conocimiento organizacional".

Seguimiento

Al completar el cambio disruptivo, se termina con "algo distinto" a lo que existía previamente. En el ejercicio que se ha utilizado de ejemplo, el producto final es una organización estructurada en línea con las vertientes de valor de la empresa.

Ese cambio de por sí puede causar disrupción interna adicional. Esto puede ocurrir porque cambios de esa naturaleza generalmente incrementan la eficiencia y efectividad de la empresa. Esos incrementos en efectividad entonces se convierten en un incremento de negocio para la empresa.

Al aumentar su volumen de negocio, la empresa se ve en la obligación de hacer ajustes en sus unidades de producción o de prestación de servicios, según la naturaleza de la empresa. Si ese aumento en volumen de negocios la lleva al dominio de su mercado, eso inclusive puede implicar disrupción para otras empresas.

Sin embargo, lo que nos concierne es cómo la empresa que hace el cambio maneja la disrupción interna adicional que pueda generarse. En ese proceso de manejo, la monitoria y el control siguen siendo elementos claves de éxito.

La práctica de la monitoria asertiva, explicada previamente, debe ser parte integral del esfuerzo de seguimiento después del cambio. Esa es la herramienta que le permite mantenerse al tanto de los distintos impactos del cambio disruptivo.

Recuerde que cuando usted lleva a cabo un cambio disruptivo, usted cambia el paradigma. Cuando el paradigma cambia, todo el conocimiento sobre el paradigma anterior se convierte en inservible. Como empresa que ha optado por iniciar el cambio, todo su equipo debe tener información de lo que esperan lograr. De igual manera, deben tener una idea bastante clara de las consecuencias que habrá de tener el cambio. Pero como en todo esfuerzo nuevo, siempre hay situaciones que no se pueden prever o consecuencias que no se pueden anticipar.

La monitoria asertiva le va a servir de "sensor" para detectar aquellas situaciones y aquellos impactos que lograron colarse "por debajo del horizonte de detección" de su planificación y anticipación.

Sin embargo, no se puede olvidar que la monitoria asertiva, más que cualquier otra cosa, es una actitud. Se asume esa actitud ante la información que se le provee, para validar la precisión de la información que se recibe. Lo que esto significa es que se necesitarán mecanismos para que le llegue la información. Necesita mecanismos formales para la monitoria de los nuevos flujos de información y tareas en la nueva estructura.

Generalmente, estos mecanismos caen bajo la categoría de "medición". Pero si su cambio disruptivo se ha desviado significativamente del modelo de negocio anterior, es muy probable que sus mecanismos de medición ya no sean tan útiles.

Por ejemplo, si sus mecanismos de medición rastreaban el movimiento de información entre unidades que se encontraban en distintas unidades organizacionales de su estructura, es probable que, al reorganizarse por vertientes de valor, esos mecanismos ya no sean relevantes.

La implicación de esta situación es clara. Tiene que examinar sus mecanismos de medición y monitoria de flujo de información de la naturaleza que sea, para asegurarse que los mismos se ajustan a su modelo de negocio, según alterado por su cambio disruptivo. De no ser aplicables a sus nuevas circunstancias, habrá que desarrollar nuevos mecanismos.

No olvide que todo mecanismo de medición lo que busca es reducir el grado de incertidumbre referente a un proceso o un resultado basado en una o más observaciones. En la medida que su proyecto de cambio disruptivo interno altera su modelo operacional o crea uno completamente nuevo, usted debe hacerse las siguientes preguntas:

- "¿Qué es lo que necesito saber?"

    El propósito de esta pregunta es enfocar su atención en lo que es esencial y necesario. No quiere disipar sus energías en un momento de transición tan importante. La información que necesite puede ser tan sencilla como volumen o tiempo. Pero también puede ser un poco más abstracta, como eficiencia o efectividad. Determine qué es lo que necesita saber. Establezca claramente por qué necesita saberlo. Aplicando los conceptos de monitoria asertiva, insista en que lo que necesita saber refleje la realidad. Con esas determinaciones como punto de partida, está en camino para desarrollar un mecanismo de medición que le servirá para sostener su cambio disruptivo.

- "¿Con qué frecuencia necesito saber lo que identifico como necesario?"

Para contestar esta pregunta, tome en cuenta la naturaleza de su producto o servicio, la velocidad de sus procesos de negocio, el "tempo operacional" de su negocio y la celeridad de sus ciclos decisionales. Necesitará la información con la frecuencia que se ajuste a todos estos factores... y que se ajuste a sus requerimientos como administrador y líder, a cualquier nivel que opere.

- "¿Cómo puedo saber eso que necesito saber?"

Su conocimiento de sus vertientes de valor determinará la contestación a esta pregunta. La manera en que se generen sus productos o servicios determinarán los mecanismos de medición que debe elaborar. Es posible que requiera de ayuda especializada externa para diseñar mecanismos que le permitan obtener la información necesaria; que tenga la frecuencia, precisión y calidad necesaria para cumplir su propósito.

Se puede resumir el mensaje de la necesidad del seguimiento así:

- Es importante mantener la monitoria asertiva después que inicia operaciones en un negocio que ha sido objeto de un cambio disruptivo.

- No olvide que todo proceso, tradicional o disruptivo, debe ser monitoreado. Así es que usted obtiene la información necesaria para administrarlo. Siempre necesitará mecanismos de medición. Los que elabore deben proveerle:

    o   Lo que necesita saber.

    o   Con la frecuencia que necesita la información.

    o   Datos operacionales que puedan convertirse en métricas de negocio.

El haber efectuado un cambio disruptivo no le exime de la responsabilidad de mantener una vigilancia constante sobre la eficiencia y su efectividad de sus procesos o de su negocio. El establecimiento de mecanismos formales de medición y el mantenimiento de una monitoria asertiva le proveerá de herramientas para cumplir con esa responsabilidad.

EL FUTURO

Nada Ocurre Sin el Liderazgo Apropiado

¿Por Qué Liderazgo Hacia el Futuro?

Se ha estado describiendo tecnologías disruptivas que están en vías de desarrollo e implantación. Esas tecnologías tendrán su impacto y afectarán distintas organizaciones.

También se ha dicho que esas organizaciones realmente son las personas que las componen. Y esas personas tienen líderes que dirigen, a mayor o menor grado y en distintos niveles, los esfuerzos del grupo. Impacto a la organización, por consiguiente, es impacto a la gente y a sus líderes. En esta sección se exploran algunas ideas que los líderes de esas organizaciones deben tener en cuenta.

Las Organizaciones No Existen Aisladas

El primer capítulo de este libro discutió los retos del cambio. Como interesaba entrar directamente en el tema, se discutió desde el punto de vista de la organización. Se habló de la necesidad de un enfoque integral hacia la transformación. Ese enfoque requiere considerar tres componentes de la organización: la gente, los procesos y la tecnología. Y si se enfoca exclusivamente en la organización, hasta ahí se llega.

Pero no se puede hablar del futuro circunscribiéndose a la organización. Ninguna organización existe aislada del medioambiente en que opera. Y si se va a hablar de liderazgo en el futuro, se tiene que tener en cuenta ese ambiente. Por eso, ahora se amplía el alcance de la discusión.

El Mundo También Se Transforma

El mundo se ve afectado por distintos factores. Cambios tecnológicos dramáticos (como los discutidos en el capítulo Avances Tecnológicos Que Facilitan La Disrupción), movimientos sociales, reglamentación gubernamental (lógica e ilógica), presiones políticas diversas, todos estos factores, y más, aportan a la creación de un mundo caracterizado por la incertidumbre. Cuando los factores y los eventos son disruptivos, se sabe que, esos eventos son inesperados; no anticipados. Bajo esas circunstancias, la volatilidad se convierte en norma. Muchas veces la situación se torna inestable. Al no existir precedentes para el manejo de estas cosas no anticipadas, se suma la ambigüedad a los factores con los que se tiene que lidiar.

Cualquiera de estos factores – incertidumbre, volatilidad o ambigüedad – de por sí solos, puede causarle problemas a cualquier empresa. Cuando se combinan dos o más de ellos, entonces se entra a la contemplación de situaciones complejas que muchas veces no se saben manejar.

La transformación del mundo le impone exigencias a todo líder. No basta ser "el jefe". Ahora hay que poder infundirle confianza, seguridad y convicción a la gente... a la organización. Hay que demostrarles la capacidad de poder dirigir los esfuerzos por un sendero exitoso. Pero eso requiere tanto de aprendizaje como de destrezas.

Un ejemplo de una destreza clave es la claridad de visión. El mundo está lleno de elementos ofuscadores, de distractores, de "nubes" que impiden ver claramente el desarrollo de los eventos y las posibilidades futuras. La capacidad de poder "ver" a través de esos obstáculos y discernir posibilidades es importante.

Otro ejemplo de una destreza importante es la capacidad de ser creativo, de poder generar cosas nuevas que a la vez sean útiles y prácticas. El poder encontrar enfoques nuevos o soluciones a problemas complejos le dará una ventaja en un mundo donde poco se mantiene sin cambios por mucho tiempo.

Lo importante es entender que no se vive en un mundo estático. La naturaleza y la velocidad de los cambios tienen su impacto sobre las organizaciones. Esas organizaciones necesitarán de líderes que no sólo entienden el problema, pero que también pueden tomar acciones efectivas para resolverlos. La supervivencia de la organización depende eso.

Examinando El Liderazgo En Mayor Detalle

¿Qué Es Liderazgo y Qué Hace El Líder?

El liderazgo es el proceso mediante el cual usted ejerce influencia sobre los integrantes de un grupo con miras a lograr las metas y objetivos de ese grupo u organización. En el proceso de ejercer esa influencia, los integrantes del grupo perciben su influencia como legítima.

El proceso de liderazgo es distinto al proceso de administración. El administrador se dedica a la toma de decisiones referente a la utilización de personas y recursos; la implementación de estrategia y el establecimiento de la cultura adecuada. El administrador centra sus funciones en la ejecución y busca hacer las cosas correctamente.

El líder crea la visión y la misión organizacional, señala el camino, motiva, dirige al grupo y determina las cosas correctas que deben hacerse para llegar al lugar que hay que llegar. El líder centra sus funciones en la dirección.

Parafraseando un viejo refrán, el administrador se encarga de que las cosas se hagan bien. El líder se asegura que se hacen las cosas que se deben hacer.

A veces es posible utilizar ambos sombreros, a saber: el sombrero de líder y el sombrero de administrador. Lo importante en esos casos es conocer la diferencia entre cada uno.

¿Cómo Debe Ser El Líder?

El rol del líder requiere de la totalidad de la persona. De su cerebro, necesita crear y articular una visión, una dirección. De su corazón, necesita evidenciar que su visión, al igual que su gente, son importantes para él. De sus entrañas, tiene que mostrar que posee el valor para aceptar los riesgos y tomar las decisiones necesarias con el fin de alcanzar exitosamente la visión. Adicionalmente, debe poder generar la energía necesaria para movilizar a su equipo.

Como líder, ¿qué debe ser?, ¿qué debe conocer y qué debe hacer como líder? En el renglón de ser, se encuentran los valores, el carácter y el comportamiento con relación a esos valores. En el renglón de conocer, se discuten destrezas y competencias. Y en el renglón de hacer, se habla de la manera en que influye, motiva y opera. A todo lo anterior, se le agregan dos elementos muy importantes:

- En primera instancia, se encuentra la capacidad de no dejarse influenciar por la experiencia. Si su objetivo es lograr cambios disruptivos, entonces su objetivo real es cambiar el paradigma existente. Al transformar un paradigma, el conocimiento anterior queda en gran parte desactualizado y, por lo tanto, inservible. Si se desean lograr cambios que realmente sean disruptivos, la experiencia NO será lo que lo conducirá en esa dirección. Se debe tener el valor de descartar caminos conocidos y explorar nuevos senderos, muchas veces sin saber hacia dónde van. Por lo tanto, es importante evitar depender de, o contar con, la magnitud de su experiencia para abrir nuevos senderos.

- En segunda instancia, no se debe subestimar el rol y la importancia de la creatividad. Esta es la capacidad o facilidad para inventar o crear. El efectuar cambios disruptivos frecuentemente conlleva crear una nueva capacidad, una nueva manera de hacer algo. Algunos ejemplos incluyen el introducir un producto o servicio previamente inexistente, o el resolver un problema con una perspectiva completamente nueva. Debe tener la capacidad de obviar lo probado para entrar en ámbitos desconocidos, potencialmente riesgosos y peligrosos. Es apropiado recordar lo que reza otro viejo refrán: "La historia no está escrita por los cobardes".

¿Qué Se Le Requiere Al Líder?

Previamente, se mencionan dos ejemplos de destrezas que son importantes para un líder en un mundo incierto y volátil. Se habla de la claridad de visión y de la creatividad. Sin embargo, los requisitos para liderazgo en ambiente de disrupción no se detienen ahí. Ese ambiente presenta muchos retos, y existen múltiples actitudes, estados mentales y destrezas que el líder debe desarrollar.

Entre los estados mentales y destrezas que deben desarrollarse, se destacan:

- **Compromiso**. Con su futuro y el de la organización. El compromiso solidifica la voluntad. Y la voluntad es esencial para lograr metas ambiciosas. El gran reto del líder ante la disrupción es la supervivencia y el crecimiento. Para vencer ese reto, la voluntad es crucial. La voluntad bien dirigida llevara a la acción deliberada y consciente. También generará la perseverancia necesaria para sobreponerse a los obstáculos que se presenten. Estar comprometido es fundamental.

- **Transparencia**. La falta de apertura genera desconfianza y resentimiento. En momentos de volatilidad e incertidumbre, eso puede desarticular la organización. Es importante ser auténtico. Sólo así se estimula y promueve la credibilidad y la confianza.

- **La capacidad de aprender por inmersión**. El mundo de la disrupción está lleno de eventos inesperados y situaciones no anticipadas. Esos eventos y situaciones surgen sin mucho aviso. El líder en ese mundo tiene que tener la capacidad de sumergirse en la información de nuevos ambientes o nueva tecnología y absorber conocimiento de manera rápida.

- **Claridad en la comunicación**. En momentos de incertidumbre, también es importante el poder comunicarse con claridad. La incertidumbre crea confusión. La confusión requiere claridad y ausencia de ambigüedad en la comunicación. El líder tiene que poder transmitir sus mensajes de manera sencilla sin ser simplista.

- **Promoción constructiva de calma**. En ambientes disruptivos no es difícil que se desarrollen situaciones tensas o preocupantes. La manera repentina en que surgen algunas situaciones crea oportunidad para confusión y malos entendidos. La habilidad de intervenir en estas situaciones de manera constructiva y restaurar tranquilidad y calma es muy valiosa.

- **Capacidad de decidir bajo presión de tiempo**. El aumento en el ritmo de cambios es parte de lo que se considera "normal". En tecnología, en el ambiente reglamentario, en el mercado... en prácticamente todos los factores que afectan a una organización, el ritmo de cambios es acelerado. Eso requiere de una vigilancia constante del ambiente en el cual se opera. Pero también requiere el análisis agudo y la toma de decisiones rápidas. A veces no se van a tener todos los elementos de juicio que se desearían tener. Pero hay que tomar una decisión. El futuro de la organización puede depender de eso.

Si el líder se prepara y se desarrolla tomando estos requerimientos en cuenta, tendrá las herramientas básicas para dirigir en el ambiente disruptivo que se tiene de frente.

El Futuro

¿A dónde nos lleva esto?

Parafraseando un proverbio danés, se quiere dejar claramente establecido que no se pretende hacer predicciones, especialmente sobre el futuro. Sin embargo, se puede hacer una extrapolación de lo que se puede obtener si se siguen las sugerencias de cómo enfrentarse a la disrupción.

La transformación de la organización es la respuesta a la disrupción. Es la manera de maximizar sus ventajas y minimizar sus desventajas. Sus objetivos fundamentales en una transformación son mantener su posición en el mercado y crear una ventaja competitiva. Hecho correctamente, esos objetivos son alcanzables.

Una transformación exitosa va a alinear su organización por vertientes de valor y va a optimizar esas vertientes con tecnología. La organización vivirá una nueva etapa de su existencia. Pero hay que reconocer que el cambio no se va a detener porque se ha hecho una transformación de nuestra organización. El cambio es continuo. Y el precio de vivir en el mundo de hoy es la vigilancia eterna. La monitoria asertiva de su medio ambiente le permitirá reconocer cuando hay que tomar una nueva acción de transformación. Tendrá que utilizar su análisis, su juicio y su capacidad de tomar decisiones bajo presión de tiempo. Pero esa disyuntiva llegará.

La más reciente edición de las 500 compañías más grandes (conocido como el "Forbes 500") a la fecha de publicación de este libro, fue distribuida en junio del 2019. Solamente tres de las compañías que aparecen entre las primeras 10 en el 2019, aparecían entre las primeras 10 en el listado del 2009. La siguiente tabla compara las primeras 10 compañías del "Forbes 500" para los años 1999, 2009 y 2019.

Disrupción Un Enfoque Para La Transformación Organizacional

	1999	2009	2019
1	General Motors Corporation	Exxon Mobil Corporation	Wal-Mark Stores Inc
2	Ford Motor Company	Wal-Mark Stores Inc	Exxon Mobil Corporation
3	Wal-Mark Stores Inc	Chevron Corporation	Apple
4	Exxon Mobil Corporation	Conoco Phillips	Berkshire Hathaway
5	General Electric Company	General Electric Company	Amazon.com
6	Intl. Business Machines (IBM)	General Motors Corporation	United Health Group
7	Citigroup	Ford Motor Company	Mckesson
8	Altria Group	AT&T Inc	CVS Health
9	Boeing	Hewlett-Packard Company	AT&T Inc
10	AT&T Inc	Valero Energy Corporation	AmerisourceBergen

Los listados representan un período de 20 años. Se percibe en el 2019 que las empresas que aparecen con el sombreado mas obscuro no aparecen en los listados de las primeras 10 en los dos listados previos, 1999 y 2009. Pero también hay empresas en los listados de 1999 y 2009 que no pudieron mantener su posición entre las "diez empresas más grandes" en años subsiguientes. Vemos como 4 empresas (de la 6 a la 9) en el 1999, no aparecen en el listado del 2009. De las que aparecen en el 2009, siete de ellas (de la 3 a la 7, y la 9 y 10) no están en el listado del 2019.

Interesantemente, del total de las 500 empresas que aparecieron en el listado del Forbes 500 en el 1955, solamente el 12% existían en el 2015. En ese espacio de 60 años, una época en que los cambios llegaban más lentamente, el 88% de las empresas sufrieron cambios mayores. Algunas tuvieron dificultades financieras y terminaron en la bancarrota. Otras se absorbieron por otras empresas y ya tampoco existen. Aún otras se fueron achicando. Todavía existen, pero no del tamaño o influencia que una vez tuvieron.

Se plantean estos hechos no para asustar. Se señalan para que esté consciente de lo que tiene de frente. La disrupción no se va a ir. Poco a poco, está penetrando todas las esferas de nuestras vidas. Esa tendencia no se detendrá.

El proceso de disrupción se nutre de varias fuentes. Las innovaciones tecnológicas y los nuevos modelos de negocio no dejan de tener su impacto. Pero los cambios demográficos y el movimiento hacia la globalización crean unas tendencias macroeconómicas que también aportan al proceso.

Los cambios que se ven en las empresas grandes son un reflejo de lo que se ve en todas las empresas. El tamaño no aísla a ninguna empresa de los efectos disruptivos de los distintos factores que se han enumerado. Los líderes de hoy se van a enfrentar a los retos que esos factores representan. Los que reconozcan las dificultades potenciales a las que se enfrentan, serán los que podrán prepararse para tomar las decisiones e iniciar las acciones que aporten a la continuidad de las empresas que dirigen.

EL MAPA VIAL

Un antiguo proverbio chino indica que el viaje de mil millas empieza con el primer paso. Todo viaje empieza con un reconocimiento del área que se va a visitar durante el viaje. Para hacer un buen reconocimiento, hace falta un mapa. El viaje para sobrevivir el ambiente disruptivo que se vive puede ser dificultoso, especialmente si no se hace el reconocimiento adecuado. Por eso nos hemos dado a la tarea de proveerle con un mapa vial. Esto no solamente le permitirá hacer un reconocimiento rápido. Le permitirá trazar su ruta e iniciar su camino sin más demora.

En cierto sentido, este libro es su mapa vial. Pero se debe tener un lugar donde resumir los pasos necesarios que debe seguir. Aunque estas cosas le deben parecer "familiares", este es el lugar que se ha escogido para resumir, y cuando es necesario, repetir.

Esto le da la oportunidad de ver el concepto globalmente y repasar aquellas áreas del libro que considere especialmente aplicables a su situación.

Primer Paso: Visionamiento.

La pregunta fundamental en esta etapa es ¿Dónde estamos?

Para llegar a su contestación, se tienen que hacer otras preguntas, porque tiene que saber cómo se encuentra su empresa en sus distintos aspectos. Pero esa es la pregunta fundamental. Tiene que conocer su punto de partida. Si no sabe dónde está, no podrá determinar su dirección futura.

Una de las determinaciones que tiene que hacer en esta etapa es si su organización está optimizada para enfrentar las oportunidades futuras. Y una pregunta esencial que se tiene que contestar es si su organización está estructurada por vertientes de valor. Si no lo está, haga las debidas anotaciones, porque se tiene que enfrentar a esa realidad subsiguiente-mente.

Otra de las situaciones que tiene que explorar es el estatus de la tecnología y su posible impacto en su industria. Esto es mandatorio, ya que la mayoría de las innovaciones disruptivas vienen por vía de nueva tecnología.

Finalmente, debe "amarrar" la información de ambos ejercicios para identificar la manera o maneras en que tiene que transformar su organización para enfrentarse al futuro. Su objetivo no es solamente "sobrevivir". Es multiplicar su éxito.

Segundo Paso: Comunicar

Se ha dicho en repetidas ocasiones que su gente es su organización. Transformar su organización es transformar a su gente. Si busca posicionar a su organización para resistir el embate de la disrupción proveniente de cualquier fuente, tiene que contar con su gente. Para eso, les tiene que informar plenamente de la situación que percibe, de los retos que tienen de frente y de los planes para afrontarlos. Un equipo informado no es solamente un equipo efectivo. Es también un equipo creativo. El tener todos los cerebros enfocados en la situación a la que se enfrenta, canaliza el poder mental de toda la organización hacia la búsqueda de opciones.

Tercer Paso: Optimización Para Mejorar Posición Competitiva

Con frecuencia, la tecnología que puede afectar su industria está en etapas de desarrollo. No está disponible aún a nivel comercial. Pero no puede darse el lujo de esperar hasta que lo esté para optimizar su operación. Ha llegado el momento de generar un cambio disruptivo interno con el propósito de <u>alinear su estructura por vertientes de valor</u>. Eso le permitirá posicionarse como empresa de vanguardia en su industria. Igualmente, le facilitará el descubrir maneras en que la tecnología incipiente puede transformar distintos aspectos de su organización. Inclusive, le puede facilitar el identificar cuándo se hace necesaria una transformación disruptiva mayor que puede alterar la naturaleza del mercado en que opera.

Lo que sucederá después dependerá, en última instancia, del rumbo que tome la ciencia y la tecnología, o la demografía y los gustos, o los gobiernos y su reglamentación, o cualquiera de los factores que pueden afectar su negocio o su mercado, o cualquier combinación de esos factores. Las posibilidades son muchísimas. Lo más que usted puede hacer es prepararse para cualquier eventualidad. Eso significa no solamente un esfuerzo personal, pero también un esfuerzo organizacional. Tiene que preparar a su organización – a su gente – para enfrentar el mundo cambiante. Siguiendo estos tres pasos recomendados le provee una base. Con esa base como punto de partida, puede enfrentar los retos de la disrupción.

Disrupción Un Enfoque Para La Transformación Organizacional

CONCLUSIÓN

Durante el transcurso de esta narración, se establecieron unos planteamientos básicos:

- Se definió disrupción y se advirtió sobre la importancia de una postura proactiva ante los retos que representa.
- Se señaló la importancia de la tecnología en los procesos de cambio.
- Se destacó el rol de la organización de recursos para generar productos o servicios como manera de maximizar su preparación para promulgar cambios disruptivos.

En la travesía por los distintos capítulos, se suplió información para sustentar esos planteamientos. Se mostró, además, que cualquier esfuerzo de transformación se centra en dos factores básicos. Uno es la manera que estructura y agrupa su gente – su organización – para proveer un producto o servicio. El otro es la manera en que aprovecha la tecnología disponible para maximizar su efectividad y dominar su mercado. De igual manera, se advirtió sobre la importancia de estar alerta a cualquier tecnología que puede hacer de su modelo de negocio o su producto uno obsolescente.

Se presentaron ejemplos de la postura de empresas ante eventos disruptivos:

- Las que sucumbieron ante el embate de cambios disruptivos.
- Las que crearon la tecnología disruptiva, pero fueron incapaces de explotarla para su beneficio propio.

- Las que, frente a una nueva tecnología, innovaron, se transformaron y crecieron.
- Las que no fueron innovadoras, pero pudieron adaptarse y mantenerse competitivas.

Ahora se está al final de esta jornada. La misión en cuanto al libro termina aquí. Ahora comienza la suya... y debe empezar con preguntas. ¿Cómo ve a su equipo – a su organización? ¿Reconocen los retos que representa la disrupción? ¿Están preparados para enfrentarse a esos retos? ¿Poseen el conocimiento necesario para prepararse? ¿Han tenido oportunidad de hacer su diagnóstico y, como mínimo, identificar donde están hoy? Cuando repasan los ejemplos de empresas que se ha dado, ¿con cuál o cuáles se identifican? ¿Por qué?

Como se ha indicado, la disrupción ya es un hecho. La pregunta no es si le va a afectar o no. La pregunta es <u>cuándo</u> le va a afectar. Dado ese estado de cosas, lo que tiene que determinar es cuán preparado está para (a) asumir un rol de vanguardia en cuanto a la disrupción o (b) asumir un rol de preparación y reacción, para mantenerse competitivo.

Distintas organizaciones optan por distintos enfoques para la aplicación de cambios disruptivos. Si usted conoce sus vertientes de valor y si su organización está estructurada en torno a las mismas, se le hace más fácil identificar oportunidades para la aplicabilidad de tecnología. ¿Quiere enfocarse en la experiencia del cliente? ¿O prefiere mejor examinar posibilidades de transformación de sus procesos internos? ¿O quiere ampliar su mercado dramáticamente? ¿O entiende que, si se provee una rapidez y flexibilidad reactiva a peticiones de su mercado, se impondrá sobre todos sus competidores? ¿O quiere diferenciar su producto a tal grado que el cliente descarta otras posibilidades?

Todas estas preguntas lo llevan al entendimiento que la disrupción se puede manifestar de distintas maneras. Su producto, su mercado, su manera de dar a conocer su producto, su cadena de distribución, y su servicio, todos pueden representar distintas maneras de introducir elementos disruptivos. Pero en última instancia, su entendimiento y su voluntad van a determinar cómo se va a manejar la disrupción en su organización.

Cuando se llega a la esencia del tema, usted tiene dos opciones muy básicas.

Una opción es decidir "esperar", no hacer nada. "Ver" que ocurre. Es una opción cómoda. No requiere de mucho esfuerzo ni de mucha iniciativa. Y es posible que no conlleve consecuencias adversas. Si usted está en una industria que definitivamente no se verá afectada por cualquier adelanto tecnológico, o cambio demográfico, o cambio en el gusto de la población que constituye sus clientes, esto podría ser una opción viable. Pero tiene que tener la seguridad plena que <u>nada</u>, absolutamente nada, afectará su empresa. ¿Cuál es la probabilidad que eso sea así? Ese es el riesgo que asume.

La otra opción es "actuar". Esta acción al menos suena mucho más asertiva, pero lleva a una pregunta relacionada: ¿para hacer qué?

La contestación a esa pregunta levanta la posibilidad de considerar dos alternativas.

- Puede dejarse llevar por las sugerencias que se incluyen en este libro y decidir actuar por su cuenta. Eso puede ayudar a iniciar su camino, pero estará desprovisto de una metodología formal. Tiene que crear su propio "sistema". Tiene que asegurarse que cubre todos los puntos y todas las posibilidades. Tiene que invertir tiempo en efectuar investigaciones adicionales para "redondear" su conocimiento y explorar posibilidades aplicables a su industria. Este es <u>su</u> camino y usted elige su dirección.

- Puede decidir actuar con ayuda. <u>Con la ayuda correcta</u>, esta opción le ofrece la oportunidad de aprovecharse de "trabajo ya hecho". Le puede dar acceso a una metodología que le ayuda a estructurar su proceso de transformación. Le provee con "rutas" definidas que puede seguir y expone técnicas que integran el conocimiento de la gente que compone su organización. Le ahorra tiempo, porque está utilizando un modelo probado.

Se recomienda la segunda alternativa. No obstante, se advierte que es importante el que ejerza la diligencia debida al seleccionar a quien le vaya a ayudar. Las destrezas necesarias para emprender una transformación disruptiva no son las destrezas que se utilizan para "mejorar" operaciones existentes.

En última instancia, lo que va a definir el éxito de su esfuerzo va a ser la calidad de su liderazgo y su capacidad de aplicarlo a la transformación de su organización. Como líder, tiene que convertirse en agente disruptivo dentro y fuera de su empresa. Los beneficios para usted y para su empresa ya los hemos detallado. Lo que se requiere es la voluntad, la disposición y el deseo de convertirse en proponente de una idea que puede cambiar el futuro de su negocio. No todas las iniciativas disruptivas cambian la naturaleza de una industria. Pero todas cambian el grado de éxito de la empresa y de los líderes que las ejecutan.

Con este libro, se pone en sus manos las herramientas fundamentales para transformar, de manera disruptiva, su empresa. No obstante, se reconoce que puede existir el deseo de obtener información más detallada y especifica referente a ciertos componentes metodológicos. A esos efectos, se estará brindando acceso a información adicional en el sitio web en www.osvaldolaurido.com.

Se les desea éxito en la jornada que van a comenzar.

APÉNDICE

Enfoques de Transformación Organizacional

Edwards Deming

Conocido como el padre de la calidad. Deming considera que los clientes son la prioridad puesto que hacia ellos están dirigidos los productos o servicios que comercializa la organización, por lo tanto, debe garantizarse su satisfacción total con lo ofertado.

También el enfoque Deming considera el rol de los empleados como muy importante. Los empleados además de prestar su conocimiento para elaborar los productos son la fuerza vital de la empresa y deben ser tomados en cuenta. Cuando los colaboradores de la organización se sienten escuchados y valorados se contribuye acertadamente a la motivación de estos. La motivación de los empleados redunda en beneficios para la organización ya que se realiza un trabajo de calidad. Otro aspecto de la propuesta de Deming en la cual es bastante incisivo, es la afirmación sobre la mejora continua como la mejor manera de solucionar los problemas que se puedan presentar en la compañía.

Deming definió 14 puntos a ser adoptados por los administradores para garantizar la posición competitiva de la organización:

1. Hacer constante el propósito de mejorar la calidad. Crear una estrategia que estimule la mejora continua con el fin de optimizar y mantener el liderazgo en cuanto a la vigencia y pertinencia del producto o del servicio. La mejora continua permitirá a la organización ser más competitiva, consolidarse y posicionarse en el mercado, generando mayor cantidad de empleos en proporción a la expansión que logra con su crecimiento. Es por esto que las organizaciones deben considerar como una de sus prioridades principales el asumir un enfoque hacia la mejora continua, la cual le facilita el proceso de identificar los aspectos a corregir o fortalecer de acuerdo a sus características positivas y debilidades.

2. Adoptar la nueva filosofía. Toda organización que opta por la implementación del enfoque Deming pasa por un proceso de transformación. Es sumamente importante que el proceso

Apéndice

de transformación sea realmente comprendido, asumido e interiorizado por todos los que conforman la organización en todos los niveles. La gerencia debe tener muy claras sus responsabilidades para que pueda ejecutar eficientemente el rol que le compete como líder del proceso de transformación. Es sumamente importante para la ejecución de este punto la capacitación al personal con el fin que conozcan e interioricen la nueva filosofía.

3. Terminar con la dependencia de la inspección masiva. No se debe esperar al final de la línea de producción para hacer cotejos masivos. Los cotejos masivos pueden poner en riesgo todo un lote de productos, redundando en pérdidas para la organización. La propuesta es establecer puntos de control a lo largo de la línea de producción. Estos puntos de control se colocan en sitios estratégicos identificados por los expertos de la empresa, de esta forma se identifican, corrigen e incluso previenen los problemas desde su origen.

4. Eliminar la práctica de realizar negocios basándose en precio sin considerar la calidad. Las organizaciones que adquieren sus insumos basándose en precio pueden estar sacrificando la calidad de su materia prima. Comprar de acuerdo a costo es un error. Lo correcto es adquirir las materias primas de un proveedor basándose en su confiablidad y cumplimiento de los estándares de calidad.

5. Encontrar y resolver problemas del sistema de producción y servicios mediante la evaluación continua. El interés por mejorar debe ser una constante en las prácticas de la empresa, no una actividad esporádica. Se deben tener los sistemas e información apropiados para poder monitorear los procesos y su cumplimiento con los estándares de calidad. Esto minimiza costos por medio de la reducción de pérdidas, desperdicio o retrabajo de productos defectuosos.

6. Instituir métodos modernos de entrenamiento en el

trabajo. Muchas organizaciones entrenan a su personal en adiestramientos que ofrecen sus pares, esta práctica es deficiente porque dichos entrenamientos pueden carecer de consistencia, lo cual implica que no exista un elemento integrador entre las clases, perdiendo el sentido de la capacitación. Una de las causales de este tipo de situación es que los entrenamientos dependen de los mismos empleados o pares, quienes poseen diversas maneras de transmitir su conocimiento. Deming propuso que se eliminen este tipo de prácticas entre pares y el entrenamiento sea liderado de manera formal por personal capacitado, es decir por profesionales en todos los aspectos del proceso.

7. Adoptar e implantar el liderazgo. Se debe promover el liderazgo entre los supervisores, gerentes y directivos. Por medio del liderazgo los supervisores o jefes, se convierten más en mentores que en supervisores tradicionales. El líder orienta al personal para hacer bien su trabajo y eliminar los problemas de calidad y consistencia.

8. Expulsar de la organización el miedo. Se deben plantear estrategias que permitan eliminar el temor a ejecutar las acciones necesarias para alcanzar una meta planteada en cualquier nivel de la empresa. El miedo es el principal causante de resultados negativos, es decir, de pérdidas. La ausencia de miedo fortalece la confianza de los empleados, esto contribuye a la existencia de un ambiente laboral mucho más saludable.

9. Romper las barreras entre departamentos de apoyo y de línea. Para ello se proponen establecer canales de comunicación destinados a tratar temas pertinentes a la empresa. También asignar personas responsables de esos canales con el fin de garantizar la calidad y efectividad del mismo. Esto promueve el trabajo en equipo, se rompen las barreras comunicativas tanto en el departamento como en las diversas áreas que conforman la empresa.

Apéndice

10. Eliminar metas numéricas, carteles y frases publicitarias que piden aumentar la productividad sin proporcionar métodos. Se debe prescindir de los eslóganes o frases preestablecidas; aunque algunos de estos eslóganes promueven la calidad, la realidad es que no la mejoran, solo contribuyen a aumentar la presión y el estrés en el personal, lo que conlleva al deterioro del ambiente laboral. Una estrategia para adoptar eficientemente este punto es permitir, incluso incentivar, a los empleados para que propongan sus propios mecanismos de motivación con el fin último de fortalecer los procesos realizados con calidad.

11. Eliminar estándares de trabajo que estipulen cantidad y no calidad – eliminar las cuotas-. Las mismas enfocan en cantidad y no en la calidad, además pueden generar intimidación en los empleados y castigo al empleado que no cumple. La eliminación de las cuotas va acompañada de un mayor liderazgo.

12. Eliminar las barreras que impiden al trabajador hacer un buen trabajo, un empleado no trabaja mal o comete errores porque quiere. Típicamente los errores o problemas de calidad se deben al proceso de elección de un empleado, inducción, entrenamiento, reconocimiento de logros y ausencia de procesos de mejoras continuas. Permitir que el empleado participe en las decisiones de los procesos que se llevan a cabo.

13. Instituir un vigoroso programa de educación y entrenamiento. Se debe implementar capacitación para adiestrar a los empleados en sus procesos, su interacción con otros departamentos y métodos de calidad. El adiestramiento debe ser a todos los niveles de la organización.

14. Crear una estructura en la alta administración que impulse día a día los trece puntos anteriores. Se debe trabajar desde la alta gerencia hasta el empleado de fila en la adopción de los métodos de calidad. Todos los miembros deben esforzarse por lograr la transformación que la adopción de calidad provee.

Philip B. Crosby

Crosby se enfocó en prevenir y evitar la inspección. Lo principal de este enfoque consiste en buscar que las necesidades del cliente queden completamente satisfechas desde la primera vez y todas las veces que realice transacciones con la organización. Su filosofía se basa en las creencias que la calidad es medible y que se pueden realizar procesos con resultados óptimos desde la primera vez.

Para lograr alcanzar la máxima de "cero defectos", Crosby plantea catorce pasos, los cuales consisten en:

1. Compromiso de la dirección. La alta gerencia de la organización es la que tiene la responsabilidad principal de asumir con seriedad la implementación de la política de mejora continua de la calidad. Por más que la gerencia media, media–baja, o baja se comprometan a la ejecución de los métodos de calidad, estos serán infructuosos sin el respaldo de la alta gerencia. Es más, la posibilidad que puedan establecerse y llevarse a cabo realmente se vería seriamente desdibujada.

2. Equipo para la mejora de la calidad. Los responsables e involucrados de la adopción de calidad deben trabajar en equipo. De esta forma la comunicación, objetivos, y logros serán compartidos por estos equipos.

3. Medición del nivel de calidad. La organización debe recopilar datos y estadísticas para medir los logros de la adopción de los métodos de calidad. La recopilación de datos oportuna y veraz ayudará a identificar problemas o posibles problemas. Una medición oportuna permitirá a los involucrados tomar medidas a tiempo.

4. Evaluación del costo de la calidad. Se debe monitorear los costos del producto como indicador que proporcione donde la compañía debe tomar acciones correctivas. Esta información también ayuda a identificar el costo de la no calidad.

5. Conciencia de la calidad. Se debe desarrollar una conciencia de los efectos de la no calidad y los beneficios de la calidad. Esta conciencia debe permear desde la alta gerencia al personal de fila.

6. Sistema de acciones correctivas. Debe de existir un esquema de acciones correctivas, éste permitirá identificar a tiempo situaciones que requieran intervención y señalará que tipo de acciones correctivas se pueden ejecutar para eliminar eficientemente la falla detectada.

7. Establecer comité del Programa Cero Defectos. Es importante resaltar que para Crosby lo fundamental es la prevención. Desde su enfoque la constitución del comité del Programa Cero Defectos cobra un sentido trascendental, puesto que este equipo será el directo encargado de diseñar y ejecutar programa de acción para prevenir errores.

8. Entrenamiento en supervisión. Capacitar al personal en cómo ejecutar su rol según los procedimientos institucionalizados para garantizar la calidad del producto de acuerdo a los estándares establecidos. Se busca prevenir la ocurrencia de los errores antes de que ocurran, es decir, evitar al máximo que se presenten fallas en los procesos.

9. Establecer el día "Cero defectos". Seleccionar un día a partir del cual se realizará oficialmente el cambio de paradigma en la organización, involucrando de esta forma a todos los empleados sin excepciones. Además, se implantarán los sistemas de medición y alarmas para alertar sobre los potenciales problemas con el fin de intervenirlos a tiempo.

10. Fijar metas. Los responsables de la iniciativa de calidad establecerán las metas que se desean lograr como parte del esfuerzo para la reducción, incluso la eliminación de errores.

11. Remover causas de errores. Se debe identificar y eliminar las causas de errores. Esto contribuye a la prevención de los

errores en el futuro.

12. Dar reconocimiento. Se debe reconocer a aquellos que logren los objetivos de calidad por su participación en la iniciativa. Este reconocimiento puede ser monetario o no monetario.

13. Formar consejos de calidad. Todos los colaboradores deberán tener comunicación e intercambiar información entre ellos para fortalecer el trabajo colaborativo. Se deben tener reuniones frecuentes con el objetivo de intercambiar información y determinar las acciones requeridas para mejorar la calidad.

14. Repetir todo de nuevo. Se ejecutan los pasos anteriores realizando los ajustes necesarios en pro de garantizar siempre la calidad. El mejoramiento continuo es justamente la renovación o actualización de todas las acciones que se realizan en los diversos procesos ejecutados en la compañía con el fin último de hacer las cosas con calidad. Es una acción continua que por su permanente transformación no termina.

Joseph Juran

Juran incorporó el aspecto humano en la gestión de calidad. El autor entiende por calidad la ausencia de deficiencias. Desde este enfoque se considera que las carencias se encuentran constituidas por situaciones como: retraso en las entregas, fallos en la prestación de servicios, facturas incorrectas, cancelación de contratos de venta, entre otras acciones que contribuyen a entorpecer el normal desarrollo de las actividades propias de cada proceso en la compañía.

Juran propone que, al momento de hablar de calidad, existen más factores que las meras pruebas realizadas al producto en las diferentes etapas del proceso de producción. El autor hace énfasis en considerar como relevante el aspecto humano en su filosofía de calidad, dicha propuesta hace de éste un enfoque novedoso. De esta manera Juran resalta la importancia de involucrar a todos los empleados de la organización como estrategia principal para promover la prevención.

La administración por calidad desde este autor encuentra su base en lo que se conoce como la Trilogía de Juran, compuesta por tres aspectos fundamentales, a saber: planear, controlar y mejorar la calidad.

Planeación de calidad. Independientemente del tipo de organización, servicio, producto o proceso, la planeación de calidad se puede estandarizar en una serie universal de pasos de entrada – salida denominado "mapa de planeación de la calidad". Para diseñar e implementar este mapa es necesario tener en cuenta los siguientes aspectos:

- Identificar quiénes son los clientes.
- Determinar las necesidades de esos clientes.
- Traducir las necesidades de los clientes al lenguaje de la organización.
- Desarrollar productos con características que respondan en forma óptima a las necesidades de los clientes.
- Desarrollar un proceso que sea capaz de producir un producto con las características específicas requeridas.
- Transferir el proceso a la operación.

Control de calidad. La alta administración debe utilizar un proceso universal para controlar las operaciones. Las actividades de control son:

- Establecer un lazo de retroalimentación en todos los niveles, y para todos los procesos.
- Asegurarse de que cada empleado se encuentre en estado de autocontrol.

- Establecer objetivos de calidad y una unidad de medición para ellos.

- Proporcionar a las fuerzas operativas medios para ajustar el proceso, de conformidad con los objetivos.

- Transferir responsabilidad de control a las fuerzas operativas, para comprometerlas a mantener el proceso en el óptimo nivel planeado de capacidad.

- Evaluar el desempeño del proceso y la conformidad del producto, mediante análisis estadísticos.

- Aplicar medidas correctivas para restaurar el estado, de conformidad con los objetivos de calidad.

Mejoramiento de la calidad. Este proceso se basa en los siguientes conceptos fundamentales:

- Realizar todas las mejoras, proyecto por proyecto.

- Establecer un comité de calidad. La responsabilidad basica de este conscjo es promover, coordinar e institucionalizar la mejora de calidad anual.

- Definir un proceso de selección de proyectos que incluya: nominación, selección, declaración de misión y publicación del mismo.

- Designar para cada proyecto un equipo de seis a ocho personas, con la responsabilidad de ejecutarlo a cabalidad.

- Otorgar reconocimiento y premios públicos para destacar los éxitos relacionados con mejoras de calidad.

- Aumentar el peso del parámetro de calidad en la evaluación del desempeño en todos los niveles organizacionales.

- Participación de la alta administración en la revisión del progreso de las mejoras de calidad.

Juran resalta que la calidad es el resultado de la interrelación de todos los departamentos dentro del espiral. En otras palabras, la calidad es la consecuencia de la sinergia de una organización.

Kaoru Ishikawa

Ishikawa promueve el control de calidad en toda la organización como un proceso continuo, haciendo especial énfasis en el servicio al cliente. Para él, el mejoramiento de la calidad es un proceso que siempre puede entenderse como "estar un paso adelante". Es considerado uno de los precursores de los círculos de calidad en Japón, los cuales están compuestos por un grupo de voluntarios que buscan soluciones a los problemas detectados en sus respectivas áreas de trabajo.

Para Ishikawa el control de calidad consiste en: desarrollar, diseñar, elaborar y mantener un producto altamente eficaz al momento de satisfacer las necesidades de los clientes. Se busca que el producto sea el más económico, el más útil y siempre satisfactorio para el consumidor. Para lograr este fin todas las partes de la organización deben realizar un trabajo de manera articulada y, por ende, conjunta.

La mayor contribución del autor fue simplificar los métodos estadísticos utilizados para control de calidad en la industria a nivel general. A nivel técnico su trabajo se enfatizó en la buena recolección de datos y en elaborar una buena presentación. También, utilizó los diagramas de Pareto, con el fin de priorizar las mejoras en cuanto a la calidad, y creó lo que actualmente se conoce como los diagramas de Ishikawa (diagramas de espina de pez o diagramas de causa y efecto).

Establece los diagramas de causa y efecto como herramienta para asistir los grupos de trabajo que se dedican a mejorar la calidad. Considera que la comunicación abierta es fundamental para desarrollar dichos esquemas. Estos gráficos resultan útiles para encontrar, ordenar y documentar las causas de la variación de calidad en producción.

Ishikawa presentó la importancia de las siete herramientas de calidad, a saber:

1. Diagrama de Pareto.
2. Diagrama de causa y efecto. También llamado diagrama de Ishikawa o diagrama de espina de pez. Consiste en una representación gráfica sencilla en la que puede verse de manera relacional una línea en el plano horizontal representando el problema a analizar que se escribe a la derecha. Consta de varias flechas inclinadas a la izquierda de la descripción del programa a analizar. Cada una de estas flechas a la izquierda representa un grupo de causas que inciden en la existencia del problema. Para cada causa de problema se tienen flechas que representan causas secundarias.
3. Histogramas. Son los gráficos que muestran la distribución de frecuencia de una variable y los valores que difieren.
4. Hoja de control. Es la herramienta de recolección de datos.
5. Diagrama de dispersión. Es la gráfica mediante la cual se plasma la búsqueda de relaciones entre las variables que están afectando el proceso.
6. Flujo del proceso o flujogramas. Es la técnica utilizada para separar datos de diferentes fuentes e identificar patrones.
7. Mapa de control. Permite estudiar la evolución del desempeño de un proceso a lo largo del tiempo.

Algunos principios básicos de la filosofía de Ishikawa con referencia a la calidad son:

- La calidad comienza y finaliza con la educación.
- Un primer paso hacia la calidad es conocer los requerimientos del consumidor.
- Las condiciones ideales del control de calidad se dan cuando la inspección ya no es necesaria.
- Eliminar la causa de origen y no los síntomas.
- El control de calidad es una responsabilidad de todos los

trabajadores y de todas las divisiones.

- No confundir los medios con los objetivos.
- Priorizar la calidad y fijar sus perspectivas de ganancia en el largo plazo.
- El marketing es la entrada y la salida de la calidad.
- La dirección no debe reaccionar negativamente cuando los hechos son presentados por los subordinados.
- El 99% de los problemas de una compañía se pueden resolver utilizando las siete herramientas del control de calidad.
- La información sin difusión es información falsa; por ejemplo, fijar un promedio sin comunicar el desvío estándar.

La propuesta de Ishikawa era manufacturar todo a bajo costo. Postuló que algunos beneficios dentro de organizaciones que adoptan el control de calidad son: la reducción de precios, bajar los costos, establecer y mejorar las técnicas.

Shingeo Shingo

Se le reconoce haber creado y formalizado la propuesta conocida como "Cero Control de Calidad", en la que se resalta mucho la aplicación de los Poka Yoke, el cual es un sistema de inspección en el origen, método de eliminación de errores y defectos garantizando productos y servicios de calidad.

El Poka Yoke orienta el mejoramiento y la prevención de errores en la calidad. Consiste en la creación de elementos que detecten los defectos de producción y lo informen de inmediato para establecer la causa del problema y evitar que vuelva a ocurrir, aplicándose de esta forma acciones correctivas.

El sistema Poka Yoke está constituido por un sistema de detección cuyo tipo dependerá de la característica a controlar y en función del cual se suelen clasificar; y un sistema de alarma que puede ser comúnmente visual y/o sonoro, que avisa al trabajador de producirse el error para que lo subsane. Asimismo, mediante este procedimiento se detiene y corrige el proceso de forma automática para evitar que el error derive en un producto defectuoso.

La idea básica de Shingo es frenar el proceso cuando ocurre algún defecto, definir la causa, corregirla y prevenir que vuelva a ocurrir. Si se aplica el Poka Yoke no sería necesario el control estadístico. Los errores se deben a errores humanos los cuales pueden ser prevenidos. Poka Yoke promueve la detección de errores en el origen. Este es uno de los principios del enfoque de   inventado por Shingo.

Genichi Taguchi

Genichi Taguchi aporto métodos de mejoramiento de la productividad. Su metodología se concentra en el consumidor, valiéndose de la función de pérdida. Taguchi define la calidad en términos de la pérdida generada por el producto a la sociedad. Esta pérdida puede ser estimada desde el momento en que un producto es despachado hasta el final de su vida útil.

El control de calidad para Taguchi se refiere a que todo producto que se diseñe debe cumplir las necesidades del cliente siempre dentro de determinado estándar; a lo cual lo llama calidad aceptable. Es decir que el producto debe ser bueno y aceptado dentro del mercado. Además, dicho control incluye desde la perspectiva del autor que todo producto vaya más enfocado a suplir las necesidades que más le interesen al cliente y reducir o disminuir los costos en los que el cliente no muestre mucho interés.

La contribución más importante del Dr. Taguchi, ha sido la aplicación de la estadística, la ingeniería para la reducción de costos, mejora de la calidad en el diseño de productos y los procesos de fabricación. En sus métodos se emplea la experimentación a pequeña escala con la finalidad de reducir la variación y descubrir diseños robustos y baratos para la fabricación en serie.

Taguchi se basa la calidad total en unos conceptos fundamentales, a saber:

- Un aspecto importante de la calidad de un producto manufacturado es la pérdida total generada por ese producto a la sociedad.

- El mejoramiento continuo de la calidad y la reducción de los costos son imprescindibles para subsistir en un ambiente competitivo.

- Un programa de mejoramiento continuo de la calidad incluye una incesante reducción en la variación de las características de ejecutoria del producto con respecto a sus valores objetivo.

- La pérdida del consumidor originada en una variación de la ejecutoria del producto es casi siempre proporcional al cuadrado de la desviación de las características de ejecutoria con respecto a su valor objetivo. Por eso, la medida de la calidad se reduce rápidamente con una gran desviación del objetivo.

- La calidad y el costo final de un producto manufacturado están determinados en gran medida por el diseño industrial del producto y su proceso de fabricación.

- Una variación de la ejecutoria se puede reducir aprovechando los efectos no lineales/conjuntos de los parámetros del producto (o proceso) sobre las características de ejecutoria.

- Los experimentos estadísticamente planificados se pueden utilizar para determinar los parámetros del producto que reducen la variación de la ejecutoria.

Asimismo, enfatiza y recomienda considerar los siguientes conceptos:

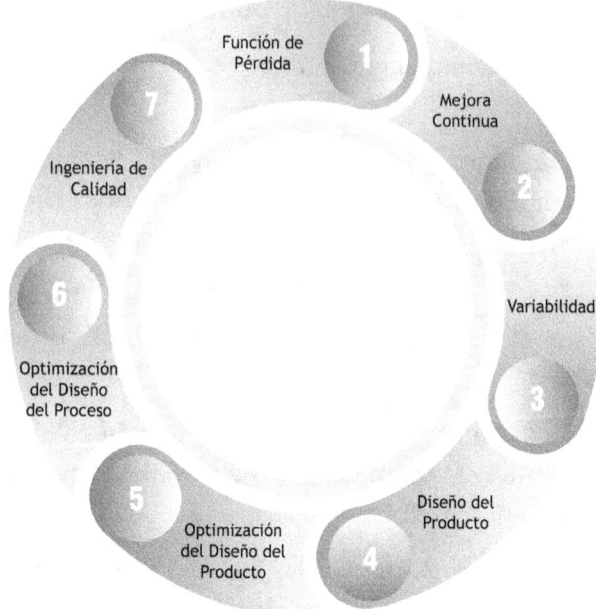

- Función de pérdida. La calidad se debe definir en forma monetaria mediante la función de pérdida, en la que cuanto mayor sea la variación de una especificación respecto al valor nominal, mayor será la pérdida monetaria transferida al consumidor.

- Mejora continua. Este aspecto del proceso productivo y la reducción de la variabilidad son indispensables para subsistir en la actualidad.

- Variabilidad. Puede cuantificarse en términos monetarios. La variabilidad del funcionamiento del producto provoca pérdidas al usuario.

- Diseño del producto. Se genera la calidad y se determina el costo final del producto.

- Optimización del diseño del producto. Se puede diseñar un producto a fin de disminuir su variabilidad.

- Optimización del diseño del proceso. Se reduce la variabilidad por medio del diseño de experimentos, al seleccionar los niveles óptimos de las variables involucradas en la manufactura del producto.

- Ingeniería de Calidad. Taguchi desarrolló también una metodología que denominó ingeniería de calidad, en el cual se realiza una división entre "en línea" y "fuera de línea".
  - Ingeniería de calidad en línea. Sus actividades respectivas son la manufactura, el control y la corrección de procesos, así como el mantenimiento preventivo. Comprenden diferentes técnicas para mantener los valores – objetivo y la variación con respecto al objetivo en una planta industrial.
  - Ingeniería de calidad fuera de línea. Se encarga de optimizar el diseño de productos y procesos. Fuera de la línea representan una propuesta original para reducir la variación del producto.

Armand Feigenbaum

Creador del concepto de Control Total de Calidad, posteriormente conocido como Administración de Calidad Total. Concepto que compete a toda la organización e involucra la puesta en práctica de actividades orientadas hacia el cliente. Para que el control total de calidad sea efectivo, se debe iniciar con el diseño del producto y terminar sólo cuando se encuentre en manos del consumidor satisfecho.

Feigenbaum sostiene que la calidad es responsabilidad de toda la organización. Orienta el control de la calidad hacia la excelencia antes que hacia los defectos. Su definición de calidad consiste en proveer el mejor producto y precio para los clientes.

Aunque la alta gerencia es responsable de la efectividad de la calidad, se debe involucrar todos los departamentos que intervienen en la calidad. El incluir a todos los responsables enfocados hacia la calidad permitirá niveles más económicos para la satisfacción de las necesidades del usuario.

Feigenbaum define los costos que una empresa asume para ofrecer al cliente un producto de calidad:

- Costos de prevención. Son aquellos en los que se incurre para evitar fallos. Incluye los costos que se puedan originar, así como de los que se logran prevenir.

- Costos de revaluación. Se producen al llevar a cabo mediciones del producto. Incluye la inspección de materias primas, revaluación de inventarios, inspección y pruebas de acceso del proceso y producto.

- Costos de fallos internos. Se generan durante la fabricación y/o hasta antes de que el producto sea entregado al cliente.

- Costos de fallos externos. Se producen cuando el producto ya ha sido entregado al cliente.

Principios de la Filosofía de Feigenbaum

- Liderazgo de calidad. La administración debe basarse en una buena planeación, manteniendo un esfuerzo constante hacia la calidad.

- Tecnología de calidad moderna. Los problemas de calidad no pueden ser atendidos sólo por el departamento de calidad. Se requiere fomentar una integración de todos los que participan en el proceso para que evalúen e implementen nuevas técnicas para satisfacer a los clientes.

- Compromiso organizacional. Debe capacitarse y motivarse constantemente a toda la fuerza laboral que participan en la Organización dentro del proceso. Esto acompañado de una integración de la calidad en la planeación de la empresa.

Cuatro Elementos de su Filosofía:

- La calidad tiene que ser planeada completamente basándose en un enfoque orientado hacia la excelencia en lugar del enfoque tradicional orientado hacia la falla.

- Todos los miembros de la organización son responsables de la calidad de los productos o servicios.

- La calidad total requiere del compromiso de la organización al momento de proporcionar motivación continua y actividades de capacitación.

- El Control Total de Calidad se define como un sistema efectivo para integrar los esfuerzos del desarrollo, mantenimiento y mejoramiento de la calidad de los diversos grupos de la organización a fin de comercializar, diseñar, producir y ofrecer servicios económicos que satisfagan completamente al cliente.

Los 10 Principios Fundamentales de la Filosofía de Feigenbaum

1. La calidad es un proceso que afecta a toda la compañía.
2. La calidad es lo que el cliente dice que es.
3. Calidad y costo son una suma, no una diferencia.
4. La calidad requiere tanto individuos como equipos entusiastas.
5. La calidad es un modo de administración.
6. La calidad y la innovación son mutuamente dependientes.
7. La calidad es una ética.
8. La calidad requiere una mejora continua.
9. La mejora de la calidad es la ruta más efectiva y menos intensiva en capital para la productividad.
10. La calidad se implementa con un sistema total conectado con los clientes y los proveedores.

Peter Senge

Una organización de aprendizaje continuo es una que, de manera continua y sistemática, se embarca en un proceso para obtener el máximo provecho de sus experiencias aprendiendo de ellas.

Se basa en la idea que hay que aprender a ver la realidad con nuevos ojos, detectando ciertas leyes que permitan entenderla y manejarla. Este enfoque considera que todos los miembros de la organización son elementos valiosos, capaces de aportar mucho más de lo que comúnmente se cree. Tienen la capacidad de comprometerse al 100% con la visión de la organización, adoptándola como propia y actuando con total responsabilidad. Por lo tanto, se encuentran capacitados para tomar decisiones; enriquecer la visión de la organización haciendo uso de su creatividad, reconociendo sus propias cualidades, limitaciones y aprendiendo a crecer a partir de ellas. También tienen la habilidad de trabajar en equipo con una eficiencia y una creatividad renovadas.

La organización en aprendizaje busca garantizar constantemente que todos los miembros del personal estén aprendiendo y poniendo en práctica todo el potencial de sus capacidades. Esto es, la capacidad de comprender la complejidad, de adquirir compromisos, de asumir su responsabilidad, de buscar el continuo auto-crecimiento, de crear sinergias a través del trabajo en equipo.

Senge define tres disciplinas de una organización inteligente:

- Las organizaciones abiertas al aprendizaje contribuyen al crecimiento potencial de su personal profesional, considerando las aportaciones y opiniones de sus miembros.

- Las compañías que aprenden a crecer son aquellas que capacitan a sus empleados continuamente, para actualizar sus conocimientos en pro del mejoramiento en cuanto al funcionamiento de la empresa.

- El aprendizaje debe estar de acuerdo a los cambios culturales que se manifiestan actualmente en la sociedad. Así mismo todos los miembros deben compartir toda información de trabajo con el fin de lograr que todo el personal aprenda, se actualice y adapte a los cambios de la sociedad y de la competitividad.

Apéndice

Las cinco disciplinas de aprendizaje para la construcción de organizaciones inteligentes son:

- Desarrollar la maestría personal. Esta disciplina busca que el personal logre dominarse a sí mismo, a tener paciencia y ver la realidad como tal, de manera positiva y objetiva, interiorizando conductas positivas que le ayuden a crecer y a obtener los resultados esperados.

- Identificar y desarrollar nuevos modelos mentales. Se hace énfasis en desarrollar conciencia de las actitudes y percepciones que influyen en el pensamiento y la interacción.

- Impulsar la visión compartida. En esta disciplina colectiva se enseña a nutrir un sentido de compromiso grupal, desarrollando imágenes compartidas del futuro que se desea crear y de los principios y lineamientos con los cuales se espera lograrlo.

- Fomentar el trabajo en equipo. Aquí se promueve la transformación de las aptitudes colectivas para el pensamiento y la comunicación, de modo que los grupos de personas puedan desarrollar inteligencia y capacidad mayor que la equivalente a la suma del talento individual de sus miembros.

- Generar el pensamiento sistémico. Es un modo de analizar y un lenguaje para describir y comprender, las fuerzas e interrelaciones que modelan el comportamiento de los sistemas. Esta disciplina permite cambiar los sistemas con mayor eficacia y actuar en forma más acorde con los procesos del mundo natural y económico.

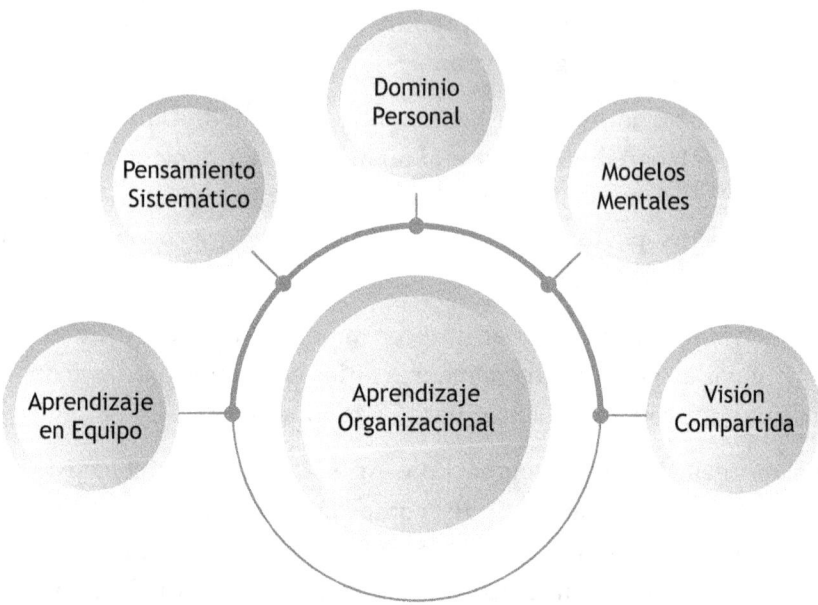

Michael Hammer y James Champy

De acuerdo con Michael Hammer y James Champy, la reingeniería de procesos es una estrategia gerencial enfocada exclusivamente en el análisis y diseño de flujos de procesos de la organización y entre organizaciones con el objetivo de optimizar procesos de inicio a fin. Se busca lograr mejoras sustanciales en el desempeño, como: costos, calidad, servicio y velocidad.

La reingeniería de procesos promueve el rediseño radical y reorganización de una compañía para reducir costos e incrementar la calidad del servicio. La tecnología de información es un habilitador del cambio radical. Si no se cuenta con la tecnología de información apropiada los esfuerzos de reingeniería pueden ser en vano.

Hammer y Champy en su libro sobre reingeniería sugirieron siete principios para agilizar el flujo de trabajo y lograr importantes niveles de mejora en la calidad, la gestión del tiempo, la velocidad y la rentabilidad. Los mismos son:

Apéndice

1. Organizar alrededor de los resultados, no de las tareas. Varias tareas especializadas que previamente desempeñaban diferentes personas deben combinarse en un solo trabajo y un solo punto de contacto. El nuevo trabajo debe incluir todos los pasos en un proceso que genere un resultado bien definido, lo que hará este más rápido, productivo y orientado al cliente.

2. Hacer que quienes utilizan el resultado del proceso realicen ellos mismos dicho proceso. El trabajo debe hacerse en donde tiene más sentido llevarlo a cabo. Así, las personas más cercanas al proceso desempeñan realmente el trabajo. Reubicar el trabajo de esta forma elimina la necesidad de coordinar a quienes desempeñan y utilizan un proceso.

3. Fusionar el trabajo de procesamiento de la información con el trabajo real que produce la información. Las personas que reciben la información también deben ser responsables de su procesamiento, esto redundara en mejor calidad de los datos, ausencia de errores y que se administren más rápidamente.

4. Tratar los recursos geográficamente dispersos como si estuvieran centralizados. En la actualidad las comunicaciones existentes hacen que sea justificable el procesamiento distribuido de la información requerida para llevar a cabo los procesos. Estas comunicaciones facilitan el procesamiento distribuido.

5. Asociar procesos paralelos, en vez de integrar sus resultados. El concepto de integrar únicamente los resultados de las actividades paralelas que convergen en un punto es la causa principal de la recarga de trabajo o trabajo repetitivo, de costos elevados y demoras en el resultado final del proceso total. Esto se puede evitar al asociarse los procesos.

6. Colocar el punto de decisión en donde se desempeña el trabajo e incluir el control en el proceso. La toma de decisiones debe ser parte del trabajo desempeñado. El integrar los procesos y contar con tecnología produce organizaciones más planas, más

responsables.

7. Capture información una vez y en la fuente. La información debe recopilarse y capturarse en el sistema de información en línea, una sola una vez y en su punto de origen. Esto evita errores y la necesidad de entrar nuevamente los datos.

William B. Smith

Seis Sigma (Six Sigma en inglés) es una metodología de mejora de procesos. La misma mide y mejora la calidad. Provee un conjunto de herramientas que busca mejorar los procesos organizacionales al disminuir la variabilidad y los defectos.

Se encuentra basada en datos para llevar la calidad a niveles muy cercanos a la perfección. Es diferente de otros enfoques debido a que busca corregir los problemas antes que se presenten; además pretende examinar los procesos repetitivos de las organizaciones. Six Sigma contrasta con otros enfoques al afirmar que la calidad se asegura en los procesos y no en las inspecciones.

Six Sigma es implantado siguiendo una serie de pasos, a saber:

- Definir. El equipo elige sus miembros, identifica los requisitos del cliente, identifica el proceso actual y determina los posibles proyectos y sus alcances. Una vez seleccionado el proyecto se prepara su misión y se selecciona el equipo más adecuado para el proyecto, asignándole la prioridad necesaria.

- Medir. El equipo recopila datos, calcula y muestra la variación en el proceso, define el mismo. Se identifican los requisitos claves del cliente, las características clave del producto, los parámetros que afectan el funcionamiento del proceso y las características o variables clave. A partir de esta definición se establece el sistema de medida y se hace posible la medición de capacidad del proceso.

- Analizar. Este paso requiere identificar las posibles causales, reducir las causas raíz y determinar la oportunidad financiera de las mejoras. Se analizan en contraste los datos de resultados actuales e históricos. También se desarrollan y comprueban hipótesis sobre posibles relaciones causa efecto. El equipo confirma las variables clave de entrada que afectan a las variables de respuesta del proceso.

- Mejorar. El equipo del proyecto busca soluciones. Ejecuta estrategias para determinar la relación causa efecto para predecir, mejorar y optimizar el funcionamiento del proceso. El grupo de trabajo se compromete a probar, refinar y justificar posibles soluciones.

- Controlar. Este paso requiere preparar un plan de control de proceso, implantar una solución y cerrar el proyecto. Se diseña y documenta los controles necesarios para asegurar que lo conseguido mediante el proyecto se mantenga una vez que se hayan implantado los cambios. Cuando se han logrado los objetivos y la misión se da por finalizada, el equipo informa a la gerencia y se disuelve.

Una vez implementado y logrado Six Sigma, el control de calidad se hace innecesario, dado que sus procesos cuentan con los más altos niveles de desempeño, en tanto que Six Sigma permite:

- Asegurar la calidad en cada puesto de trabajo.

- Formar personas capaces de mejorar la calidad.

- Asegurar la sostenibilidad y rentabilidad de los negocios.

- Diseñar y desarrollar procesos, productos y servicios capaces.

REFERENCIAS

Amazon. (2018). *Almacenamiento en la Nube.* Retrieved from Amazon: https://aws.amazon.com/es/what-is-cloud-storage/

Arancibi, A. S. (2018, 02 05). *La Quinta Revolución Industrial.* Retrieved from www.Conextrategia.com: https://conextrategia.com/2018/04/09/la-quinta-revolucion-industrial-2/

Arechavala, L. (2017, 10 13). *Sobre la Quinta revolución Industrial.* Retrieved from http://geeks.e-consulta.com/noticias/sobre-la-quinta-revolucion-industrial/

Attaran, M. (2000). Why does reengineering fail? A practical successful implmentation. *Journal of Management.*

Borghino, M. (2018). *Disrupción Más Allá de la Innovación.* Editora Grijalbo.

Buntz, B. (2019). Why AI for Cybersecurity Has a Spinal Tap Problem. *IoT World Today.*

Christensen, C. M. (1997). The Innovators Dilemma. *Harvard Business Review Press.*

Clark, B. T. (2017). *Blockchain The Technology That is Changing The World.* Bonnie T. Clark.

Computerworld. (2018, 05). *Siri, Alexa, Google... ¿Pueden los asistentes de voz convertirse en cómplices enemigos?* Retrieved from Computerworld: https://www.computerworld.es/tecnologia/siri-alexa-google-pueden-los-asistentes-de-voz-convertirse-en-complices-enemigos

DevOps.com. (2017, 12 27). *The 5th Industrial Revolution: When It Will Happen and How.* Retrieved from https://devops.com/5th-industrial-revolution-will-happen/

Dru, J.-M. (2015). *The Ways To New.* Wiley.

Edureka. (2018). *AI vs Machine Learning vs Deep Learning.* Retrieved from Edureka: https://www.youtube.com/watch?v=WSbgixdC9g8

Exchange, E. (n.d.). *Processing Power Compared.* Retrieved from https://pages.experts-exchange.com/processing-power-compared

Fragoso, R. B. (2016, 06). *¿Qué es Big data?* Retrieved from https://www.ibm.com/developerworks/ssa/local/im/que-es-big-data/

Gans, J. (2016). *The Disruption Dilemma.* The MIT Press.

Gans, J. (2016). *The Disruption Dilemma.* The MIT Press.

Gartner. (2019, 07 08). *Magic Quadrant for Robotic Process Automation Software.* Retrieved from https://www.gartner.com/doc/reprints?id=1-1DDIO7CR&ct=190710&st=sb

Gilder, G. (2018). *Life after Google - The Fall of Big Data and the Rise of the Blockchain Economy.* Regnery Gateway.

Guerrero, M. (2018, 05 12). *La Quinta Revolución Industrial.* Retrieved from https://manuelguerrerocano.com/quinta-revolucion-industrial-singularidad/

Herrarte, A. M. (2019, 02 05). Retrieved from La Prensa Gráfica: https://www.laprensagrafica.com/opinion/La-quinta-revolucion-industrial-20190207-0303.html

Hope, C. (2018, 01). *Computer vs. Smartphone.* Retrieved from www.ComputerHope.com: https://www.computerhope.com/issues/ch001398.htm

Larry Downes, P. N. (2014). *Big Bang Disruption.* Portfolio/Penguin.

Referencias

McQuivey, J. (2013). *Digital Disruption.* Forrester Research.

Montero, P. (2017, 06 29). *¿Preparados para la quinta revolución industrial?* Retrieved from Atrevia Blog.

Nakamoto, S. (2018). *Bitcoin: A Peer-to-Peer Electronic Cash System.*

Naone, E. (2009, 02). *Technology Review.* Retrieved from TR10: Intelligent Software Assistant: http://www2.technologyreview.com/news/412191/tr10-intelligent-software-assistant/

Paetz, P. (2014). *Disruption by Desing.* Paul Paetz. Retrieved from Gartner Webinar.

Quees. (2018). *¿Qué es Big data?* Retrieved from https://www.quees.info/que-es-big-data.html

Rctecnic. (n.d.). *Sophia: El Robot Más Avanzado del Mundo.* Retrieved from https://www.rctecnic.com/blog/71_Sophia-el-robot-mas-avanzado-del-mundo

Richard Dobbs, J. M. (2015-2016). *NO Ordinary Disruption.* McKinnsey and Company.

Rick Smith, M. F. (2016). *The Great Disruption.* St Martin's Press.

Rick Smith, M. F. (2016). *The Great Disruption.* St Martin's Press.

Rimbaee. (n.d.). *Revolución Industrial.* Retrieved from https://revolucionindustrialmbaee.wordpress.com/5ta-revolucion-industrial/

Rosal, V. d. (2015). Disruption Emerging Technologies and The Future of Work. Emtechub.

Ross, A. (2016). *The Industries of the Future.* Simon and Schuster.

Rouhiainen, L. (2019). *Artificial Intelligence 101 Things you Must*

Know Today About our Future. Lasse Rouhiainen.

Sametband, R. (2016, 03). *A 20 años de un marzo clave en la historia de la computación de bolsillo.* Retrieved from https://www.lanacion.com.ar/1880270-a-20-anos-de-un-marzo-clave-en-la-historia-de-la-computacion-de-bolsillo

Sanjit Ganguli, T. F. (2017, 06). *IoT Technology Disruptions: A Gartner Trend Insight Report.* Gartner.

Schwab, K. (2016). *The Fourth Industrial Revolution.* Crown Business.

Schwab, K. (2018). *Shaping the Fourth Industrial Revolution.* World Economic Forum.

Semana. (2015, 04). *Computación de Bolsillo.* Retrieved from Semana: https://www.semana.com/vida-moderna/tecnologia/especial-tecnologia/articulo/computacion-bolsillo/71840-3Sem

Shepley, S. (2017). *Robotic Process Automation.* Retrieved from University Singularity: https://www.youtube.com/watch?v=mdWLEHTNjXY

Silverthorne, V. (2019, 04 11). *Want Better IoT Software Testing? Test in the Real World.* Retrieved from IoT World Today.

Technopedia. (n.d.). *Mobile Application (Mobile App).* Retrieved from Technopedia: https://www.techopedia.com/definition/2953/mobile-application-mobile-app

Verge, T. (2018, 02 25). *Qualcomm's simulated 5G Tests shoq how fast real-world speeds could actually be.* Retrieved from The Verge: https://www.theverge.com/2018/2/25/17046346/qualcomm-simulated-5g-tests-san-francisco-frankfurt-mwc-2018

Referencias

Wikipedia. (2018). *Almacenamiento en la Nube*. Retrieved from Wikipedia: https://es.wikipedia.org/wiki/Almacenamiento_en_nube

Wikipedia. (2018). *Asistente Virtual*. Retrieved from Wikipedia: https://es.wikipedia.org/wiki/Asistente_virtual

Wikipedia. (2018). *Creative disruption*. Retrieved from Wikipedia: https://en.wikipedia.org/wiki/Creative_disruption

Wikipedia. (2018). *Disruptive innovation*. Retrieved from www.wikipedia.com: https://en.wikipedia.org/wiki/Disruptive_innovation

Wikipedia. (2018). *OQO*. Retrieved from Wikipedia: https://en.wikipedia.org/wiki/OQ

Wikipedia. (2018). *Sophia (robot)*. Retrieved from Wikipedia: https://en.wikipedia.org/wiki/Sophia_(robot)#cite_note-5

Wikipedia. (2018). *Telefono Inteligente*. Retrieved from Wikipedia: https://es.wikipedia.org/wiki/Tel%C3%A9fono_inteligente

Wikipedia. (2019, 01). *Tercera Revolución Industrial*. Retrieved from Wikipedia: https://es.wikipedia.org/wiki/Tercera_revoluci%C3%B3n_industrial

Wikipedia. (n.d.). *Cloud Computing*. Retrieved from Wikipedia: https://en.wikipedia.org/wiki/Cloud_computing

Disrupción Un Enfoque Para La Transformación Organizacional

SOBRE LOS AUTORES

Osvaldo Laurido Santos

En su carrera profesional el Sr. Laurido ha tenido experiencia en la planificación, administración, desarrollo e implantación de soluciones de e-business, modernización e integración de aplicaciones, así como el desarrollo de estrategias de transformación de procesos de negocios. Ha sido responsable de proporcionar a sus clientes importantes mejoras de productividad las cuales han conducido a la implementación de nuevos procesos comerciales, cambios en los procedimientos administrativos, un mejor servicio al cliente y mejores controles. También cuenta de una amplia experiencia en métodos y técnicas para la transformación de negocios, planificación de información estratégica, desarrollo avanzado de sistemas e integración de sistemas.

Ángel I. Pabón

El Sr. Ángel I. Pabón cuenta con una extensa y variada experiencia como líder ejecutivo. Se ha destacado en la industria de seguros de salud, la de comunicaciones, la farmacéutica y la bancaria. También tiene experiencia gubernamental en el campo de fomento industrial. Como consultor, ha ayudado a varias organizaciones en diversos campos en la consecución de sus metas, aplicando sus destrezas de planificación operacional y estratégica, y estableciendo mecanismos de incremento de productividad. Su enfoque hacia la obtención de resultados y añadir valor le ha creado la reputación de ser un facilitador de videncias para sus clientes. Es uno de los pocos ejecutivos que tiene experiencia en la reestructuración de empresas para alinearlas exitosamente con sus vertientes de valor.

www.ingramcontent.com/pod-product-compliance
Lightning Source LLC
Chambersburg PA
CBHW070628220526
45466CB00001B/126